Frédérique Van Her

Le guide du LÂCHER-PRISE

Trouver sa liberté intérieure

EDITIONS ESI

Sommaire

Pourquoi ce guide ?

Face à la vie stressante que nous menons, il est parfois difficile de nous sentir bien. Nous devons gérer tout à la fois une vie sociale, professionnelle et familiale et il est souvent bien compliqué de prendre du temps pour se retrouver. Nous dépensons beaucoup d'énergie à vouloir tout contrôler, tout maîtriser. Nous sommes parfois inquiets, tendus, agités, débordés, fatigués. Peut-être est-il temps de nous occuper un peu de nous-mêmes et de vivre la vie qui nous correspond. Essayons de retrouver notre calme et notre sérénité : lâchons prise.

Mais qu'est-ce que le lâcher-prise ? Ce guide fournit les clés nécessaires pour comprendre et mettre en pratique cette notion ; il permet aussi bien à ceux qui souhaitent approfondir le sujet qu'à ceux qui le découvrent d'étudier en détail ce que le concept du lâcher-prise recouvre et implique. Il apporte notamment des réponses aux questions suivantes :

- Comment définir le lâcher-prise ?
- Quelles sont les étapes nécessaires pour lâcher prise ?
- Quels sont les obstacles au lâcher-prise ?
- Quels principes devons-nous appliquer au jour le jour ?
- Quels moyens et outils avons-nous à notre disposition ?

Le Guide du lâcher-prise se veut utile et pratique. Il peut aussi bien être lu de bout en bout que de façon ponctuelle en piochant des informations dans les différents chapitres. Tout y est expliqué simplement et les méthodes, si elles sont appliquées, facilitent grandement l'accès au lâcher-prise.

1 - Définition du lâcher-prise

« Il faut faire éclater la coquille
pour voir ce qu'il y a à l'intérieur. »

Maître Eckhart

Témoignage

« Pour moi, le lâcher-prise est un outil qui m'aide à vivre mieux. J'essaie de le mettre en pratique quotidiennement mais ça n'est pas si simple. Je l'ai compris grâce à la lecture d'ouvrages mais j'ai mis un peu de temps à assimiler ce concept. Si je devais donner une définition, je dirais que c'est l'art d'accepter toutes les choses que la vie nous propose. Mais, pour saisir le sens du lâcher-prise, il faut l'appliquer. Il faut donc auparavant être dans une certaine démarche. Concernant ma propre expérience, c'est parce que ma souffrance m'était devenue insupportable que j'ai fait l'effort d'apprendre ce qu'est vraiment le lâcher-prise. J'avais alors des difficultés dans mon travail. J'étais attachée commerciale et je ne parvenais plus à atteindre mes objectifs hebdomadaires. À chaque réunion, je vivais un véritable enfer. Mon supérieur me tenait pour unique responsable des mauvais résultats que j'obtenais. Il avait soin de mettre en avant mon incompétence. Il est vrai que mes collègues réussissaient mieux que moi. Néanmoins, je m'accrochais et j'essayais réellement de remporter davantage de contrats. Les semaines passaient et, malgré quelques chiffres encourageants, je ne parvenais toujours pas à obtenir des accords suffisants. Mon supérieur m'a alors posé un ultimatum : si un mois plus tard, je n'avais pas réalisé les ventes souhaitées, il serait obligé de me licencier. La

pression était forte. Comme je suis d'une nature plutôt optimiste, j'ai foncé, en me disant que j'allais y arriver ! Mais ça n'a pas été le cas. La dernière semaine, j'ai enfin compris que je n'y arriverais pas. La veille de la réunion, en désespoir de cause, je n'ai pas travaillé. J'ai marché. J'ai traîné dans les rues de la capitale, la tête vide. Je ne savais plus quoi faire. J'ai appelé une amie, qui m'a dit : "Si tu n'y arrives pas, c'est peut-être que tu dois faire autre chose." Ça a été le déclic. Dans le même temps, j'ai ressenti un immense soulagement. J'allais me libérer de ce travail. Elle avait raison. Pourquoi est-ce que je m'évertuais à faire ce métier qui ne me plaisait pas vraiment ? Il fallait que je cesse d'y tenir et que je me mette à envisager un emploi différent. Il fallait que je lâche prise pour m'ouvrir à un avenir plus intéressant. J'ai passé la soirée à discuter avec mon amie qui m'a confié un livre sur le lâcher-prise. Depuis, j'ai effectivement changé de profession et je me sens nettement plus heureuse. »

Céline, 38 ans

■ Un peu de théorie

Un puissant levier du changement

Le lâcher-prise est une notion complexe. Bien que le terme même de « lâcher » signifie « laisser », il met néanmoins en œuvre un changement. Il s'agit de laisser ou plus exactement de « cesser de tenir, de serrer », nous dit le *Petit Robert*. Pour donner une définition du lâcher-prise, disons que c'est l'action qui consiste à laisser de côté ce qui nous empêche d'aller bien. En lâchant prise, nous nous ouvrons et accueillons le nouveau. En procédant de cette façon, nous nous engageons vers une vie plus heureuse, en meilleure adéquation avec qui nous sommes.

Un moment opportun

Il arrive un point culminant où il nous faut abandonner les choses qui n'ont plus lieu d'être. Nous nous sommes agrippés désespérément à ce que nous tenions, mais à un moment donné, il nous faut reconnaître que cela ne sert à rien. Certaines choses sont dépassées et nous empêchent d'évoluer. En effet, lorsqu'une situation nous semble intenable et que nous traversons une sorte de chaos intérieur, c'est qu'il est temps de lâcher prise.

Une attitude qui soulage

Le lâcher-prise ne se voit pas puisqu'il agit au niveau de l'esprit, mais il se ressent. C'est un voyage à l'intérieur de soi qui, à force de courage et de volonté, permet d'abandonner ce qui nous fait souffrir. En lâchant prise, tout ce que nous subissions disparaît. Nous nous allégeons du poids de cette douleur.

Le véritable détachement

Lâcher prise, c'est renoncer à nos résistances intérieures. En général, quand les choses ne vont pas très bien, nous nous acharnons encore plus pour que rien ne change. Par exemple, votre compagnon veut aller vivre en province alors que vous venez de perdre votre emploi. Au lieu d'en discuter tranquillement avec lui et de voir quel genre de travail vous pourriez effectuer ailleurs, vous allez vous entêter à penser que vous devez absolument rester au même endroit afin de retrouver un poste similaire.

Découvrir sa véritable nature

Si nous sentons que nous nous acharnons, c'est forcément que nous luttons contre notre nature. L'effort que nous éprouvons indique que nous nous trompons. Nous faisons fausse route. Il ne sert à rien de se crisper sur la chose que nous voulons absolument conserver. Le lâcher-prise, c'est arrêter d'agir dans le « mauvais » sens pour que notre véritable nature s'épanouisse.

Renoncer c'est lâcher prise

Le lâcher-prise est une technique ancienne qui fait partie de la sagesse orientale. Ainsi, pour les bouddhistes, le lâcher-prise s'apparente au renoncement. Cet état d'esprit conduit à la paix intérieure. Ils considèrent que faire, avoir et devenir occupent une grande partie de notre vie. Ce sont des distractions qui nous éloignent de notre nature essentielle. Y renoncer nous libère et nous permet d'emprunter le chemin qui mène vers soi.

Le Wu Wei, le lâcher-prise taoïste

Pour les taoïstes, l'art du lâcher-prise est le Wu Wei, qui se traduit par le non-agir ou l'absence d'effort. Cela ne veut pas dire ne rien faire mais plutôt œuvrer de façon juste, en accord avec une force qui nous dépasse. Lorsque l'attitude vraie est atteinte (une combinaison du vouloir et de l'intention), l'action peut se réaliser.
Pour les taoïstes, il n'est pas nécessaire d'agir sans arrêt. Il s'agit plutôt de rechercher ce qui est naturel et d'avoir l'esprit ouvert. Il faut surtout faire taire le « moi », qui déforme la réalité et est créateur d'illusions. Le lâcher-prise, ou Wu Wei, consiste à maîtriser les événements sans leur opposer de résistance. Tout comme pour les bouddhistes, le Wu Wei mène à la sérénité. Les taoïstes conseillent de pratiquer le Wu Wei pour devenir maître de son destin.

À retenir

› Le lâcher-prise est un processus

C'est une démarche qui consiste à abandonner ce qui nous fait souffrir. Tant que nous résistons, le lâcher-prise ne peut s'effectuer. Moins nous avons de freins, plus il est facile de mettre en œuvre le lâcher-prise.

› Lâcher prise, c'est cesser de donner raison à ce qui nous tourmente

Si nous réalisons que nous donnons de l'importance aux choses qui ne le méritent pas, nous avons fait un grand pas en direction du lâcher-prise.

› Le lâcher-prise est un acte de la conscience

C'est en réalisant que la situation que nous vivons est indésirable que nous pouvons entreprendre de l'abandonner.

› Le lâcher-prise vient de l'intérieur

Le lâcher-prise ne vient pas de l'extérieur. Même si l'événement qui nous trouble se situe à l'extérieur de notre personne, c'est notre façon de le considérer qui est en jeu. Il nous faut modifier notre perception pour lâcher prise.

› Le lâcher-prise ne signifie pas résignation ni soumission

L'acte apporte au contraire de la joie et du bien être. Se défaire des liens qui nous emprisonnaient ne peut être que libérateur et bienfaisant.

› Modifier nos habitudes

Lâcher prise, c'est permettre de changer nos comportements. C'est revoir un certain nombre d'habitudes qui nous limitent ou nous font souffrir.

› Lâcher prise, c'est une aptitude à accepter

En permettant aux choses d'arriver, de façon ouverte et confiante, nous sommes dans une attitude de lâcher-prise.

2 - Les principes du lâcher-prise

« La vie est un mouvement ; plus il y a vie,
plus il y a flexibilité ; plus vous êtes fluide,
plus vous êtes vivant. »

Arnaud Desjardins

Témoignage

« Je travaillais en tant que chef de projet informatique dans une petite structure. L'ambiance était très décontractée et nous avions vraiment des bonnes relations entre collègues et membres de la direction. Chaque année, nous avions même un ou deux repas organisés par les dirigeants pour que nous puissions nous connaître mieux (certaines personnes exerçaient sur les sites clients). Bref, l'ambiance était plutôt chaleureuse et fort agréable. Mais, un jour, nous avons appris que la société allait être rachetée par un groupe renommé dans le secteur. Nous allions changer de lieu de travail pour intégrer les locaux de la nouvelle compagnie. Nos habitudes allaient être fortement modifiées puisque nous devions exercer dans un open space. Finie la tranquillité de nos petits bureaux. Outre l'aspect physique, il faut noter aussi les transformations de nos façons de travailler. L'organisation allait être différente, plus encadrée, avec des exigences de résultats plus formels. Autant dire que toutes ces modifications n'enchantaient personne. Nous étions réticents car nous n'avions pas décidé ce changement. Il nous restait à accepter ou à refuser. Pour ma part, changer de lieu ne me gênait pas vraiment, j'allais même gagner du temps sur la durée des transports. Par contre, le fait d'être davantage contrôlé ne m'enchantait

guère et j'étais assez hostile à l'idée de partager la même pièce que 50 autres personnes. Nous avions trois mois pour réfléchir et accepter ou non de faire partie du groupe. Certains ont changé d'employeur. D'autres, comme moi, ont pesé le pour et le contre pour finalement accepter. J'ai essayé de modifier mon attitude. Après tout, cette expérience pouvait être enrichissante, j'allais connaître davantage de monde et peut-être avoir l'opportunité de travailler sur des projets plus intéressants. Petit à petit, j'ai vu les bons côtés et j'ai intégré la nouvelle équipe assez joyeusement. C'est en changeant mon point de vue que j'ai pu accepter cette nouvelle entreprise. »

Christophe, 34 ans

■ Un peu de théorie

Rien n'est permanent, tout est en perpétuelle évolution

Un des principes du lâcher-prise est de prendre conscience que chaque chose, chaque être évolue sans cesse. Nous ne pouvons pas arrêter le temps. Chaque personne change. Nous nous transformons physiquement, intellectuellement, émotionnellement, tout au long de notre vie. Il en est de même pour tout ce qui nous entoure : les plantes, les animaux, le vent, la pluie. Les objets aussi se modifient, ils se patinent, se cassent, sont recyclés. Il ne sert donc à rien de s'attacher à quoi que ce soit puisque tout se transforme.

Acceptons le changement

Comme tout évolue, il est inutile de vouloir retenir ce qui est passé. De toute façon, quoi que nous pensions, quoi que nous fassions, les choses se transforment. Nous n'y pouvons rien. C'est la loi de la nature. Si nous refusons, nous allons contre la nature. En acceptant les transformations, nous sommes en accord avec l'ordre des choses. En général, nous refusons ce qui nous arrive parce que nous jugeons l'événement négatif. Comme Christophe, qui, lorsqu'il a appris le rachat de sa société, a tout d'abord vu tout ce qui l'ennuyait, à savoir travailler dans un open space et fournir des résultats. Au lieu d'avoir des réticences, il vaut donc mieux adopter tout de suite une attitude beaucoup plus ouverte et regarder ce que le changement peut nous apporter de positif. Ainsi Christophe a réalisé qu'il mettrait moins de temps pour se rendre au travail, qu'il allait faire des nouvelles connaissances et qu'il pourrait peut-être travailler sur des projets plus intéressants.

Acceptons tout ce qui arrive

Tout au long de notre vie familiale, professionnelle, sentimentale et relationnelle, nous sommes confrontés à des événements heureux et malheureux. Les premiers nous transportent de joie. Les seconds nous attristent et nous avons souvent la fâcheuse tendance à dramatiser la situation. Or, en lâchant prise, c'est-à-dire en acceptant la « difficulté », le malaise s'estompe pour faire place à la sérénité. Ainsi, lorsque vous apprenez que votre ami ne pourra pas se libérer pour aller en week-end avec vous, il n'est pas nécessaire de vous mettre en colère ou de lui faire une scène. Même si vous aviez très envie de partir, vous pourrez le faire plus tard. Profitez de votre temps libre pour prendre soin de vous. L'acceptation délivre de toutes les émotions et permet de changer son point de vue. Les choses paraissent plus simples. Tout se déroule parfaitement.

Nous ne pouvons pas tout maîtriser

Nous n'avons pas la capacité de changer le cours des événements. Notre culture occidentale veut nous faire croire le contraire, en nous faisant miroiter que nous avons le pouvoir de changer les choses, de guérir, d'être riche, etc. Si cela était vrai, nous pourrions échapper aux catastrophes naturelles, à la guerre, aux épidémies. Tous nos projets pourraient être réalisés facilement. Or, cela ne semble pas fonctionner ainsi. Avez-vous décidé d'être licencié ? Non. Reconnaissons que nous n'avons pas le pouvoir sur toutes les choses. Nous pouvons uniquement nous efforcer de faire de notre mieux.

Nous ne pouvons pas tout contrôler

Si nous nous accrochons désespérément aux choses, c'est parce que nous sommes persuadés que nous allons en venir à bout et en sortir vainqueur. C'est parce que nous avons l'illusion de contrôler les choses. Libérons-nous de cette pensée erronée. Nous n'avons pas de tels pouvoirs. Nous n'avons pas la capacité de diriger le monde. Nous avons nos limites. Admettons-le.

En acceptant de ne pas tout contrôler, une ouverture s'effectue. La place pour d'autres événements se crée. Dans le même temps, le calme succède à l'agitation inutile du mental.

Accepter ne veut pas dire approuver

Votre frère ne peut toujours pas vous rembourser une somme d'argent qu'il vous avait empruntée voici six mois. Il vous avait pourtant promis de le faire et vous comptiez un peu dessus pour régler une note imprévue de plomberie. En acceptant que les choses ne se déroulent pas comme vous le pensiez, vous allez pouvoir résoudre votre problème autrement. Mais cela ne signifie pas pour autant que vous approuviez l'attitude un peu légère de votre frère. Vous êtes tout à fait en droit de lui faire remarquer que cela vous aurait facilité la tâche, s'il vous avait restitué votre argent.

À retenir

› Accepter, c'est recevoir

Acceptons le changement. Au lieu de se bloquer sur un événement indésirable, et donc de le refuser, il est préférable de l'accueillir. D'une part, nous ne gaspillons plus notre énergie en nous énervant, et d'autre part, nous ouvrons un espace pour que les choses s'enchaînent de manière fluide.

› Le calme accompagne l'acceptation

Pour nous rendre compte si nous avons vraiment accepté tel ou tel événement, observons si nous ressentons une sérénité. Généralement, l'apaisement voire le soulagement font partie intégrante du processus d'acceptation. C'est donc très agréable.

› Soyons indulgents avec nous-même : acceptons nos limites

Ne soyons pas trop exigeant avec nous-mêmes. Soyons réaliste et bienveillant avec notre propre personne. Nous ne pouvons pas tout faire. Ouvrons-nous aux résultats au lieu de nous acharner à en obtenir. De plus, en reconnaissant nos propres limites, il devient plus facile d'accepter celles des autres.

› Restons humbles

N'ayons pas la prétention de changer le monde. C'est uniquement nous-même que nous pouvons améliorer.

3 - Lâcher quoi ?

« La volonté d'un homme est son paradis,
mais elle peut devenir son enfer. »

Proverbe Islandais

■ Témoignage

« Je viens de rompre avec Lisa, mon amie. Nous étions ensemble depuis trois ans. C'est la deuxième fois que je vis une rupture vraiment douloureuse. Je réfléchis, j'essaie de comprendre pourquoi je ne parviens pas à rester en couple. Je ressens cela comme un échec. J'admets que je ne suis pas toujours de bonne humeur et que j'ai tendance à voir les choses de façon négative. Mais je fais des efforts. J'essaie de m'améliorer. Lisa me dit qu'elle en a eu assez de me voir lire dans le fauteuil, de ne pas vouloir sortir, d'être casanier. Mais je ne l'empêchais pas d'aller au restaurant avec ses copines. Je n'apprécie pas trop leur compagnie, et les dîners en tête à tête, je préfère les faire à la maison. Si j'aime être chez moi, est-ce une raison pour me quitter ? Je ne comprends pas. Je pensais que Lisa m'aimait suffisamment pour supporter mes défauts. Je me suis trompé... Voilà le genre de pensées que j'ai eu pendant un certain temps. Heureusement, mon ami Olivier m'a dit : "Arrête de te prendre la tête, lâche !" J'ai été surpris parce que c'est exactement ce que je faisais, je me prenais la tête. Sur ses conseils, j'ai essayé de ne plus penser et, effectivement je me suis senti mieux. La douleur a cessé. Mais ça n'a pas duré. Deux minutes plus tard, j'ai replongé dans mes idées noires. Je n'arrivais pas à faire taire ce flot de pensées. J'ai donc décidé d'examiner ce qui me faisait souffrir. Je me suis posé toutes sortes de questions. Est-ce

que j'étais incapable d'aimer ? Non. Est-ce que j'étais incapable d'avoir une relation ? Non. Je me suis alors demandé en quoi la rupture me gênait. Est-ce que je me sentais blessé dans mon amour-propre ? Là, j'ai compris que je tenais une piste. C'était mon orgueil qui était touché. En fait, je me suis rendu compte que je craignais le regard des autres. Je ne souhaitais pas m'afficher seul. Je voulais montrer que moi aussi, comme la plupart de mes copains, je pouvais vivre en couple. J'ai été très surpris par cette prise de conscience. Du coup, je me suis aperçu que je n'avais pas vraiment aimé Lisa. Grâce à ce cheminement, j'ai réussi à lâcher, comme le dit Olivier. Maintenant je ne fais plus attention à ce que pensent les autres et j'essaie d'assumer ma solitude actuelle. »

Éric, 45 ans

■ Un peu de théorie

Les liens qui nous empêchent d'aller bien

Le lâcher-prise nécessite de rompre les liens qui nous attachent à notre malaise. Ces liens sont très variés. Ils peuvent correspondre à des croyances ou à des habitudes de pensées dont il nous faut faire le deuil. Il peut s'agir de comportements dépassés et que pourtant nous nous acharnons à reproduire. Parfois ce sont les épreuves elles-mêmes qui semblent nous tenir ligotés. Pourtant, pour lâcher prise, il faut briser toutes ces attaches car ce sont elles qui nous empêchent de nous sentir en harmonie avec nous-mêmes.

Nos liens ne nous protègent pas

Nous faisons le nécessaire pour conserver nos liens alors qu'ils nous empêchent de vivre pleinement. Plus nous insistons pour les garder, plus ils nous aveuglent et nous cachent notre nature profonde.

Abandonnons nos résistances

Il nous faut donc briser toutes nos chaînes. Certaines seront faciles à couper, d'autres nous demanderont beaucoup d'efforts. Tout dépendra de la valeur que nous attribuons à nos liens. Ainsi, Éric a beaucoup de difficultés à admettre sa rupture avec Lisa. Il tient à être en couple. Il va se torturer et se raccrocher à tous les éléments qui prouvent que son couple aurait pu fonctionner. Il résiste. Comme il refuse d'accepter la rupture, il revoit en détail son attitude passée. C'est lorsqu'il change d'attitude qu'il prend conscience de ce qui le fait souffrir : il a honte d'être seul. Voilà donc la vraie nature de ses liens. En le comprenant, Éric peut ainsi s'en défaire.

Relâchons nos tensions

Si nous voulons lâcher prise, il faut réaliser que nous tenons à quelque chose. Ce n'est pas l'objet qui est en cause, mais le fait de prendre. Lorsque nous prenons un grain de café et que nous l'enfermons dans notre main, c'est l'action d'enserrer qui doit cesser. C'est la tension que nous devons ôter. Il nous suffit juste d'ouvrir la main. Il faut faire la même chose avec tout ce qui encombre notre mental : faire tomber les tensions pour nous détacher.

Qu'est-ce qui nous pèse ?

Parfois, nous devons nous débarrasser d'un poids. Ce que nous portons nous semble trop lourd. Par exemple, nous rendons visite à un parent parce que c'est notre devoir. Nous nous sentons obligés d'y aller. Nous nous imposons de le faire alors que personne ne nous le demande. Pourquoi se fabriquer une telle contrainte ? Est-ce vraiment nécessaire ?

Quelle est la nature de nos liens ?

Pour pouvoir se libérer, il faut connaître ce qui nous emprisonne. C'est une question de bon sens. Le problème c'est que nous avons pris des « mauvaises » habitudes et, comme pour toute accoutumance, il n'est pas aisé de s'en défaire. Le plus difficile est de s'apercevoir qu'il s'agit d'habitudes. Par exemple, vous vous levez chaque jour très tôt par crainte d'arriver en retard à votre travail. De ce fait, vous arrivez souvent avec quinze minutes d'avance. Comme vous êtes persuadé que vous pouvez être confronté à toutes sortes de contretemps, comme une grève ou un incident technique dans les transports, vous prévoyez toujours un temps supplémentaire. Quand vous réaliserez que votre crainte d'arriver en retard est liée à celle de vous faire réprimander par votre supérieur (ce qui n'est, dans le fond, pas si grave), vous pourrez changer de comportement. Pourquoi avoir peur ? C'est ridicule. De plus, votre crainte est infondée car vous ne savez absolument pas comment va réagir votre patron. Vous vous inventez des scénarios.

Nos liens sont fictifs

Comme le dit si justement Guy Finley, *« les liens qui nous retiennent sont des créations de notre esprit »*[1]. Ils n'existent que dans notre tête et ne sont pas réels. Nous les avons élaborés et entretenus. Souvent, il suffit d'en prendre conscience pour les faire disparaître. Parfois, le travail est un peu plus long. Tout dépend de leur nature et de l'intensité de l'attachement.

(1) *Les clés pour lâcher prise* – Guy Finley – Pocket Evolution - octobre 2009 – p. 24

■ À retenir

› Réglons nos conflits

Notre malaise vient parfois d'un conflit intérieur qui a besoin d'être résolu. Si nous ne le faisons pas, notre mal-être reviendra. Il disparaîtra lorsque nous aurons saisi sa nature et décidé de nous en débarrasser.

› Des efforts inutiles

Prenons conscience de l'énergie que nous déployons pour nous accrocher à notre malaise. Toute cette tension ou cette crispation montre que nous fournissons des efforts alors que notre nature n'en a pas besoin. Nous respirons sans le vouloir. Nous sommes en vie sans le décider. Pour être bien, il est inutile de forcer les choses. Si nous nous tendons, c'est que nous ne sommes plus en accord avec nous-même.

› Deux forces contraires

La chose dont nous devons nous défaire est celle que nous retenons. Plus nous avons de résistances, plus nous avons du mal à la laisser de côté. Nous nous acharnons. Nous sommes si certains de notre pouvoir ! Nous sommes persuadés qu'à force de volonté nous allons y arriver. Mais cela ne fonctionne pas ainsi. Il ne faut pas s'opposer à ce qui est mais l'accepter. Il faut suivre l'ordre naturel des choses.

4 – Pourquoi lâcher prise ?

« Chaque jour possède son lot de pensées, de mots et d'actions. Vivez au diapason du jour. »

Rabbi Nahman de Bratslav

Témoignage

« Je suis divorcée et maman de deux enfants. J'ai eu plusieurs aventures sentimentales avant de rencontrer Marc. Nous nous voyons régulièrement depuis bientôt quatre ans mais nous ne souhaitons pas vivre ensemble, du moins pas pour le moment. Peut-être changerons-nous d'avis un jour. Nous essayons de prendre les choses comme elles viennent. Pour le moment, nous nous aimons et nous sommes très bien comme ça. Aujourd'hui, je vois les choses de façon optimiste. Je suis assez confiante. Mais il a fallu que je fasse un travail personnel pour parvenir à cet état d'esprit. J'ai pris conscience que j'avais des attentes concernant ma vie affective. Je demandais beaucoup aux hommes. J'exigeais d'eux des choses qu'ils ne pouvaient pas me donner. J'avais besoin de preuves d'amour car je manquais terriblement de confiance en moi. Je doutais toujours de l'amour que les hommes me témoignaient. Je ne parvenais pas non plus à rester seule. Je voulais une présence masculine. Cela me rassurait. À force de réflexion et de prises de conscience, j'ai réussi, petit à petit, à me débarrasser de tout ce qui m'encombrait. J'ai réalisé, par exemple, que je ne me trouvais pas à la hauteur et que je souffrais d'un complexe d'infériorité. Je pensais aussi que les autres femmes étaient bien

mieux que moi. J'avais donc une piètre estime de ma personne. Alors comment les hommes pouvaient-ils m'aimer si je ne m'aimais pas moi-même ? Petit à petit, j'ai pris conscience que tout ce qui me faisait souffrir était faux. J'ai appris à me connaître au fur et à mesure que je m'allégeais. Je commençais à m'apprécier. Je me suis sentie en harmonie et je suis parvenue à m'aimer de nouveau. Aujourd'hui, j'apprécie ma compagnie et je me sens bien avec moi-même. Je recherche même à être seule. C'est pourquoi mon emploi du temps comporte des plages de solitude pour alimenter mon bien-être intérieur. Je n'ai pas besoin de faire des choses spéciales. Il m'arrive parfois de rester dans un fauteuil sans rien faire, juste à contempler une plante ou un oiseau. J'éprouve simplement du plaisir à être avec moi. Je suis devenue très gentille avec ma propre personne. Quand je regarde en arrière, je souris. Toutes mes peurs et mes crispations se sont envolées. Je fais confiance à la vie. Mon état d'esprit a radicalement changé. Je suis plutôt sereine. J'accepte ce qui m'arrive. Je ne m'agace plus si mon lave-linge tombe en panne par exemple. Je fais simplement le nécessaire pour qu'il soit à nouveau en état de fonctionner. C'est certainement grâce aux changements que j'ai effectués que j'ai pu rencontrer Marc, avec qui je m'entends si bien. Lui aussi a su lâcher prise. »

Valérie, 48 ans

Un peu de théorie

Les effets sur le corps

Lâcher prise permet de se détendre. Les tensions disparaissent. Le corps, lui aussi, est soulagé. La respiration est calme, régulière. Il suffit d'écouter son corps pour s'en apercevoir. Le lâcher-prise entraîne immédiatement un bien-être corporel.

Les bienfaits sur la santé

Le facteur stress est à l'origine de bien des maux. Ainsi, le lâcher-prise qui procure le calme intérieur ne peut que favoriser la santé. Il faut à ce propos mentionner les disciplines énergétiques orientales, comme le qi gong, qui permettent réellement de relâcher les tensions, d'où un corps détendu et une meilleure circulation des énergies.

Le calme intérieur

Le lâcher-prise agit bien sûr sur l'esprit. En abandonnant tous les liens inutiles, le mental se tait, l'esprit se sent apaisé. L'effet est immédiat. Lorsque l'esprit se calme, c'est que le lâcher-prise a été effectué. N'est-il pas préférable de vivre de manière apaisée plutôt que de subir l'agitation de l'esprit ?

Quand nous vivons dans un état de paix intérieure, nous pouvons alors porter notre regard sur ce qui nous entoure. C'est une ouverture à la beauté. Si nous restons aux prises avec nos préoccupations, nous ne voyons pas le monde extérieur, même si nous le regardons.

Le soulagement

Le lâcher-prise entraîne un soulagement intérieur. En lâchant prise, ce qui nous tracasse n'existe plus. Nous sortons enfin de cette prison ! Après tous nos débats intérieurs, nous pouvons de nouveau respirer. Nos tensions s'envolent. Nous sommes débarrassés de ce qui nous torturait et cela nous apaise profondément.

La connaissance de soi

Le lâcher-prise nous donne accès à la totalité et à la profondeur de notre être. Comme Valérie qui est arrivée à se connaître parce qu'elle s'est débarrassée de tout ce qui ne faisait pas partie de son être véritable. En laissant de côté tout ce qui la faisait souffrir inutilement, elle a pris conscience de qui elle était réellement. Elle est parvenue à s'estimer de nouveau et s'est sentie en harmonie. C'est en recherchant cet état de bien-être intérieur que nous pouvons connaître notre « moi », c'est-à-dire notre nature essentielle. Nous nous sentons unifiés, entiers. Nous sommes à notre juste place. C'est une impression agréable et réconfortante.

La liberté

En rompant les liens qui nous empêchent d'être bien, le poids dont nous souffrons s'en va. Nous sommes libérés. Il s'agit d'une libération joyeuse ! En lâchant prise, nos dépendances disparaissent. Nous devenons des êtres libres.

Une sensation de légèreté

En nous débarrassant de tout ce qui nous freine ou nous empoisonne l'existence, nous nous apercevons que tout ce poids est vraiment inutile et qu'il est plus aisé de poursuivre sa route ainsi allégés.

La confiance

Plus nous abandonnons ce qui nous bloque, plus nous avançons avec confiance dans la vie. Rien ne nous effraie. Nous accueillons sereinement les événements qui se présentent à nous.

Des relations saines

Lorsque nous sommes dans le lâcher-prise, nous acceptons plus facilement les petits travers de nos semblables. Nous sommes plus indulgents. Nous ne leur faisons pas de reproches injustifiés. Nous les acceptons tels qu'ils sont.

Une ouverture

Moins nous contrôlons les choses, plus nos actions ont des chances d'aboutir. Par exemple, pour obtenir un logement, nous déposons un dossier de candidature : une fois que nous l'avons remis, n'y pensons plus. Restons confiants. En adoptant une attitude ouverte, nous permettons aux événements de se produire.

Le discernement

Lâcher prise ne signifie pas être le jouet des événements. Cela ne veut pas dire laisser faire. Au contraire, le lâcher-prise permet d'être maître de sa vie en acceptant ce qui ne peut pas être modifié. En pratiquant le lâcher-prise, nous écartons ce qui nous empêche d'avancer sereinement. Plus nous avançons dans cette sagesse, plus les choses se clarifient.

■ À retenir

› Le bien-être

Lâcher prise se ressent physiquement. Lâcher prise agit sur la santé et l'esprit. Nous sommes au calme et en harmonie.

› Recevoir

Lâcher prise nous permet d'accueillir le changement. Nous pouvons découvrir ce que la vie nous réserve. Nous laissons la place au possible. Lorsque nous sommes fermés, les événements sont bloqués. Si nous sommes détendus et confiants, les événements arrivent.

› Aimer

Lâcher prise permet de s'aimer et d'aimer les autres. Débarrassés de nos craintes, de notre culpabilité, de nos doutes, nous pouvons alors aimer. Nous apprécions les autres pour ce qu'ils sont.

› Évoluer

En pratiquant le lâcher-prise, nous changeons. Nous nous allégeons de nos peurs, nous avançons avec davantage de confiance. Nous gagnons en sagesse. Nous devenons zen. Bref, nous évoluons de façon positive et bénéfique. Plus nous pratiquons, plus nous apprenons sur nous-mêmes et sur la vie. Le lâcher-prise apporte une grande richesse intérieure.

› Vivre pleinement

En lâchant prise, nous procédons à une ouverture du cœur. Nous disons oui à ce qui est. Nous disons oui à la vie.

5 – Lâcher prise dans le corps

« Le corps est le temple de l'esprit. »

Saint Paul

Témoignage

« Je me souviens d'un épisode douloureux. Je voulais me séparer de mon compagnon mais je ne savais pas trop comment faire. Entre mon travail et les enfants (je faisais pratiquement tout à la maison), j'avais du mal à trouver le temps de chercher un nouvel appartement. C'était douloureux pour moi car j'aimais toujours celui que je voulais quitter. Mais la vie avec lui était devenue un véritable enfer. Malgré mes contradictions, ma décision était prise, il fallait que je parte. Bien entendu, les enfants venaient avec moi puisque j'étais seule à m'en occuper. Mon esprit était assez torturé et j'avais des difficultés à clarifier la situation. N'en pouvant plus, me trouvant seule au bureau, j'ai ressenti le besoin urgent de me détendre. Mon corps était crispé, le haut de mon dos était douloureux. J'ai donc pris le temps d'écouter mon corps. J'ai remercié d'avoir pris auparavant des cours de yoga ! J'ai commencé par respirer de façon régulière et profonde au niveau du ventre. Je savais que ce type de respiration calmait à la fois le corps et l'esprit. Effectivement, j'ai presque immédiatement ressenti un bien-être intérieur, comme si j'étais de retour à la maison. Je me suis calmée, apaisée. J'ai poursuivi cet exercice pendant un quart d'heure peut-être. J'avais vraiment besoin de me détendre profondément et durablement. Ensuite, je me suis concentrée sur les parties de mon

corps endolories. Je voulais tranquilliser ma douleur. À certains endroits, je me suis aperçue que c'était extrêmement noué. Je me suis efforcée de respirer à travers ces parties très dures. Petit à petit, j'ai ressenti une détente au niveau de ces points. J'ai poursuivi l'exercice en remontant jusqu'à ma tête puis en descendant dans mon corps. J'ai respiré de façon plus insistante dans les parties qui me semblaient tendues. Comme la mâchoire : j'ai desserré les dents, j'ai décrispé les joues, détendu le front, les yeux, les oreilles, etc. Tout était tellement tendu ! Arrivée aux doigts de pieds, j'ai cessé ma relaxation. Je me sentais à nouveau opérationnelle. Les idées noires avaient disparu. Je pouvais à présent travailler efficacement, en sachant que je réglerai mon problème d'appartement plus tard, au moment opportun. Le fait d'avoir relâché mon corps avait fait disparaître toutes les pensées qui m'obsédaient. Je me sentais tranquillisée, rassurée. J'étais certaine de pouvoir trouver une solution. Mais dans l'immédiat, le travail professionnel m'attendait. Je me sentais à nouveau capable de régler chaque chose au moment le plus propice. Et effectivement, les choses se sont arrangées par la suite. Une amie exerçant dans le service immobilier d'une compagnie d'assurance m'a proposé un appartement en location. Je l'ai visité et j'ai rapidement emménagé avec mes enfants. »

Muriel, 42 ans

■ Un peu de théorie

Le lâcher-prise commence dans le corps

« Nos pensées et nos sentiments influent constamment sur notre corps », indique Debbie Shapiro[2]. Lorsque nous sommes en proie

(2) Debbie Shapiro, *L'Intelligence du corps*, Éditions Dangles, 1998.

à des pensées qui sabotent notre moral, notre corps le ressent. Il se raidit, se contracte. Au contraire, lorsque nous sommes enjoués, notre corps est détendu. Aussi, si nous prêtons attention à notre corps, nous pouvons savoir si nous sommes bien avec nous-mêmes. C'est un merveilleux outil qui nous apprend beaucoup sur nous. C'est pourquoi nous pouvons également l'utiliser pour nous sortir d'une situation a priori bloquée. « *Le corps sert de pont pour faciliter le passage entre la vie extérieure et la vie intérieure* », nous dit Colette Portelance(3). Il nous aide à lâcher prise. C'est même la première étape pour vraiment y parvenir. Il suffit simplement de marquer une pause pour écouter avec attention et respecter son propre corps.

Le lâcher-prise dans le corps

En consacrant dix à quinze minutes à la relaxation, nous allons ressentir le lâcher-prise dans notre corps. C'est à la portée de tous. Il faut juste essayer et pratiquer. Cet exercice nous permet de comprendre le sens du lâcher-prise. En le ressentant, nous le vivons. Nous en avons une compréhension « instinctive », bien plus efficace que tous les discours.

Écoutons notre corps

Pour pouvoir écouter notre corps, il faut d'abord nous arrêter et prendre une profonde inspiration. La détente est immédiate. Nous pouvons dès lors être attentifs à notre ressenti. Poursuivons les respirations intenses jusqu'à ce que la détente soit satisfaisante. Ensuite, orientons notre attention, par exemple, sur une partie de notre corps qui nous semble tendue. Cette tension n'est pas là par hasard. Elle est la conséquence de notre vécu mal assimilé. Nous pouvons observer cette tension, la ressentir pour essayer de mettre des mots sur ce qu'elle essaie de nous dire. Ainsi, si c'est notre tête qui est douloureuse, dirigeons notre attention vers elle. Puis, prenons du

(3) Colette Portelance, *Les 7 Étapes du lâcher-prise*, Éditions Jouvence, 2009.

recul et demandons-lui ce qu'elle ressent. Des expressions du type « *Ça me prend la tête* » peuvent alors surgir. Elles sont souvent très éclairantes pour débloquer une situation.

Le conflit dans le corps

Lorsque nous vivons une situation délicate, notre corps le ressent. Chaque émotion est vécue au niveau du corps. Il est le lieu de tous nos conflits. Si nous avons peur, notre corps tremble. Il nous informe de ce que nous traversons. Il conserve la marque de toutes nos émotions. Il nous renseigne sur tout ce que nous n'avons pas compris et sur notre manière d'appréhender la vie. Lorsque nous n'y voyons plus clair, notre corps peut nous révéler les causes de notre malaise. Il a conservé les traces de nos difficultés. Si nous ne voulons pas l'entendre, il se manifestera tôt ou tard, par la maladie ou tout mal corporel, nous obligeant ainsi à réfléchir.

Respectons notre corps

Au fur et à mesure que nous faisons attention à notre corps, nous nous apercevons qu'il nous enseigne sur nous-mêmes. C'est pourquoi nous lui devons un profond respect et le lui montrer. Nous devons, bien sûr, en prendre soin, en ayant une hygiène de vie adéquate. Il s'agit de bien le nourrir mais aussi de l'entretenir correctement. Il apprécie la marche à pied ou la pratique d'un sport. Il faut veiller à le nettoyer, l'hydrater, bref, le bichonner. L'objectif est de lui montrer que nous l'aimons et que nous nous sentons bien avec lui. Il est utile de lui consacrer une attention plus intérieure, en prenant des rendez-vous réguliers avec lui, juste pour être avec lui et seulement avec lui.

À retenir

› La sagesse du corps

Le corps nous révèle ce que nous ressentons. Il nous renseigne sur qui nous sommes.

› Ayons confiance en notre corps

Si nous sommes à l'écoute de notre corps, nous savons qu'il ne se trompe pas. Ce qu'il nous dit est toujours vrai. Si nous nous bloquons le dos par exemple, c'est qu'il est temps de nous arrêter un moment pour passer du temps avec nous. Cette pause ne peut être que bénéfique. Faisons le point et réfléchissons aux événements récents. Demandons-nous en quoi ce mal au dos peut nous éclairer sur ce que nous vivons. Ayons confiance en notre corps : lorsqu'il ne fonctionne plus, il nous délivre un précieux message. Soyons à son écoute.

› Apprenons à nous détendre

La vie stressante que nous menons nous oblige à marquer des temps d'arrêt. Cela est nécessaire pour conserver notre équilibre et maintenir notre cap. Lorsque nous sommes coincés dans les embouteillages, ne nous crispons pas. Prenons une profonde inspiration. Sentons notre corps se détendre. Il ne sert à rien de s'agacer, c'est de l'énergie gaspillée. Prenons de la distance, relâchons-nous. Nous nous sentirons beaucoup mieux, physiquement comme moralement.

6 – Faire taire le mental

« Ne prenez pas vos pensées trop au sérieux. »

Eckart Tolle

Témoignage

« J'avais la fâcheuse tendance à m'inquiéter facilement, pour un oui ou pour un non. Je me montais facilement la tête et cela me rendait malheureux. Je me souviens d'un jour où ma copine, Estelle, venait de décommander notre soirée. Elle avait prétexté un travail important à terminer. Ça n'était pas la première fois qu'elle avait un empêchement. Je commençais à douter sérieusement de ses propos. Avait-elle réellement un travail urgent à finir ? N'était-elle pas plutôt avec un autre ? Pour moi, c'était le signe qu'elle en avait assez de moi. Je faisais une paranoïa. Je me demandais ce que j'avais fait pour lui déplaire. Bref, je me posais des tas de questions et plus je m'interrogeais, plus je doutais des sentiments d'Estelle envers moi. Comment faire pour savoir si elle était à son travail ? Devais-je lui téléphoner ? Non, elle pourrait me mentir. Et puis, si elle travaillait vraiment, elle pourrait s'agacer, à juste titre. Au bout d'une heure ou deux de rumination intérieure, je me suis décidé à appeler Antoine, un ami. Il m'a proposé de venir en discuter chez lui, ce que j'ai fait. Je lui ai raconté toutes les craintes que j'avais à propos d'Estelle. Antoine a essayé de me convaincre qu'Estelle était une personne directe et qu'elle n'était pas du genre à me cacher quelque chose. Mais je n'étais pas convaincu. C'est alors qu'Antoine m'a

posé une question curieuse : "Peux-tu arrêter tes pensées ?" Cela m'a énormément surpris. Comment pouvais-je y arriver ? Nous pensons sans arrêt ! Il m'a indiqué une technique très efficace : me mettre dans la position d'observateur pour regarder chaque pensée. J'ai essayé. Le flot de mes pensées s'est immédiatement interrompu. Toute l'activité dans ma tête avait cessé. Je me suis senti vraiment soulagé. Tout ce "babillage" était terminé ! J'étais calme, détendu, content. En prenant ce recul, je me suis rendu compte que les pensées qui m'ennuyaient étaient ridicules ou plus exactement qu'elles étaient comme extérieures à moi et donc qu'elles ne faisaient pas partie de moi. Évidemment, quelques instants plus tard, elles ont essayé de revenir, mais je connaissais le moyen de ne plus me laisser envahir. Depuis cet épisode, j'essaie d'être conscient de mes pensées. Je rumine moins et je me sens mieux. »

Benjamin, 34 ans

■ Un peu de théorie

Observons nos pensées

Nous entendons tous en permanence une ou plusieurs voix dans notre tête : c'est la pensée qui agit de cette manière. Nous avons donc affaire à des dialogues sans fin, sans en avoir vraiment conscience. Ils peuvent nous fatiguer, nous encombrer, nous stresser. Ils ne nous laissent pas en paix, comme pour Benjamin qui ne sait plus comment faire pour arrêter sa paranoïa. Pour en venir à bout, il faut d'abord en prendre conscience. La meilleure façon est de les observer, posément, sans émettre de jugement. Il s'agit de constater leur présence. Toutes ces pensées sont venues, sans crier gare, sans se présenter, un peu comme des intrus que nous n'aurions pas autorisés à entrer. En les observant, nous prenons conscience du peu d'intérêt que nous avons à les conserver.

Repérons nos pensées

Nous pouvons ainsi observer les pensées qui nous habitent et essayer de comprendre comment et pourquoi elles sont venues. À quoi font-elles référence ? Bien souvent, il s'agit d'un discours déjà entendu qui nous met mal à l'aise. Ces pensées peuvent trouver leur origine dans d'anciennes souffrances. S'en apercevoir nous en libère car nous réalisons dès lors qu'elles ne sont plus appropriées. Mais il peut s'agir de conflits non résolus que nous devons alors comprendre pour mieux nous en détacher. Cela demande, dans ce cas, un travail personnel. Lorsque nous saisissons pourquoi une pensée est entrée, nous pouvons nous en défaire définitivement.

Entraînons-nous à rester vigilants

Prendre conscience de nos pensées nécessite d'être vigilant. Au début, l'exercice est un peu difficile. Mais plus nous avançons dans la pratique, plus il est aisé de repérer à temps les pensées (avant qu'elles ne deviennent nuisibles).

Interrompons le flot des pensées

Si nous observons régulièrement ce qui se passe dans notre tête, nous pouvons nous débarrasser assez vite de nos pensées. Par contre, si nous ne le faisons pas, nous risquons d'être submergés par elles et ne plus savoir comment elles sont venues. Le plus simple alors est de nous arrêter, de respirer et de nous observer. Une fois le calme intérieur retrouvé, il est alors plus facile de les faire disparaître.

Le moment présent

Une solution pour faire taire les pensées est de vérifier si elles font référence au passé ou au futur. C'est pratiquement toujours le cas. Lorsqu'elles nous rappellent un événement ou une situation achevés, elles sont dépassées. Elles n'ont donc plus lieu d'être. Elles peuvent également nous projeter dans l'avenir et, de ce fait, elles ne sont pas réelles non plus. La vie se déroule à l'instant présent : c'est le seul moment qui nous permet de vivre et d'être pleinement.

La pensée imagine la vie

Le mental nous joue bien souvent des tours. Par exemple, nous souhaitons décrocher un emploi. Nous sommes parvenus à obtenir un rendez-vous. Si nous laissons faire notre mental, il va imaginer des scénarios catastrophes et provoquer de l'inquiétude (comme pour Benjamin qui se persuade qu'Estelle lui ment). Il faut prendre conscience que cette projection dans le futur n'existe pas. C'est une supposition. Cela n'est pas concret. Ce que notre mental envisage n'a aucune consistance. Il ne sait pas comment l'avenir va se dérouler. Il ne faut donc surtout pas le croire.

Un état d'unité

En faisant taire le mental, nous accédons à notre être véritable. Nous pouvons sentir notre propre présence. C'est elle qui nous permet de voir que les pensées nous sont extérieures. Même si au début, le silence intérieur est de courte durée, nous pouvons reconnaître notre propre intériorité. Il s'agit d'un état d'unité avec l'Être. Dans ce cas-là, nous sommes entièrement présents.

■ À retenir

› Le mental est un instrument

Il ne faut pas non plus bannir tout ce que le mental produit. C'est un instrument fort utile qui nous permet de calculer, d'organiser ou de réfléchir. Mais il faut qu'il reste à sa place d'outil et ne vienne pas trop empiéter sur notre vie. Prenons-le comme tel et faisons-le taire lorsqu'il sort de son rôle d'instrument.

› Les rouages du mental

Pour éliminer les souffrances, regardons comment le mental procède : il juge, étiquette et rend malheureux. Détachons-nous en l'observant. C'est de cette manière que nous pourrons comprendre son fonctionnement.

› La pensée découpe la vie

Ne nous identifions pas à notre pensée. Elle n'est pas nous. Elle réduit la vie à des épisodes passés ou futurs. Elle fragmente la réalité. Nous sommes bien plus qu'elle.

› Faisons taire le mental dès maintenant

Nous pouvons nous libérer du mental dès à présent. Il nous suffit d'entendre ce que nous dit cette voix intérieure. Il est facile de la repérer car généralement, ce qu'elle dit nous met mal à l'aise. Il faut se positionner en tant que témoin de cette voix. En la regardant, elle va perdre instantanément son pouvoir et se dissoudre.

› Vivons l'instant

Le moyen le plus sûr pour faire taire le mental est d'adopter le moment présent. Il faut vivre l'instant. Être ici et maintenant. En agissant ainsi, nous créons un vide mental. Nous ne pensons pas. Nous sommes. C'est une posture difficile à tenir car la pensée veut toujours revenir. Néanmoins nous pouvons le faire plusieurs fois par jour afin de nous sentir en paix.

7 – Se débarrasser des pensées négatives

« Le préjugé est fâcheux parce qu'il exclut tout jugement. »

Publilius Syrus

■ Témoignage

« Avant d'obtenir ce poste, j'enchaînais les emplois mal rémunérés. Au bout de 6 ans d'expérience professionnelle, je percevais toujours le smic. De ce fait, j'avais des fins de mois parfois très difficiles et je demandais régulièrement de l'aide à mes parents. Heureusement, mon amie Clothilde m'a fait part d'un poste qui se libérait dans son entreprise. Le profil me correspondait et le salaire proposé était très correct. J'étais ravie. J'ai donc proposé ma candidature, qui a été retenue. Je devais rencontrer le responsable. Mais, la veille de l'entretien, j'ai perdu pied. J'ai paniqué et j'ai cédé à la déprime. J'étais persuadée que je n'aurais pas cet emploi. Clothilde a de l'intuition car elle m'a téléphoné pour voir comment j'allais. Je n'ai pas pu lui cacher mon état. Elle me connaît trop bien. Clothilde est venue chez moi le soir même et elle a essayé de me remonter le moral. Je n'avais absolument plus confiance en moi. J'étais vraiment persuadée que le poste serait attribué à quelqu'un d'autre. Je ne connaissais pas le secteur d'activité. Il y avait certainement des gens sélectionnés qui l'avaient expérimenté. Clothilde m'a dit que je ne pouvais pas le savoir, que je faisais des suppositions.

J'ai reconnu qu'elle avait raison. Elle a également noté que connaître le secteur n'était pas du tout nécessaire pour le travail requis. Ce qui était vrai. Mais comme le poste était très bien payé, je pensais que les tâches seraient certainement très difficiles. Clothilde m'a assuré qu'il s'agissait exactement du même travail que celui que j'exerçais et qu'il était, pour une fois, payé à sa juste valeur. Mais je ne connaissais personne de mon métier recevant un tel salaire. Clothilde m'a rétorqué que je ne connaissais pas assez de monde pour établir un salaire moyen. J'ai admis qu'elle avait, encore une fois, raison. Je lui ai dit que j'étais terriblement angoissée et que j'avais l'impression de ne pas mériter tout cet argent. "- En voilà une drôle d'idée ! D'où tu tiens ça ? *m'a demandé Clothilde.* - Je n'en sais rien. C'est sans doute ridicule. Il faudrait que je parvienne à m'en débarrasser. - Oui, moi je peux te dire que tu mérites de gagner autant ! Le tout est de le vouloir." *Je me suis rendu compte que je me gâchais l'existence en pensant que je ne méritais pas un bon salaire. Cette pensée était certainement liée à mon passé. J'ai décidé de combattre cette idée fausse. Clothilde avait raison : je méritais de bien gagner ma vie ! Je me suis répété cette phrase positive plusieurs fois dans la soirée et le lendemain matin, avant mon rendez-vous. J'ai réussi à décrocher le poste et je perçois chaque mois un salaire tout à fait honorable. Depuis, je fais attention à mes pensées sur l'argent. »*

Manon, 30 ans

Un peu de théorie

Identifions les pensées fausses

Nous entretenons des pensées qui, lorsque nous en prenons conscience, s'avèrent fausses. Fort heureusement, les événements que nous traversons nous aident à les déceler. Si nous n'y arrivons pas, d'autres situations nous permettront de les mettre en lumière. Ainsi Manon a eu de nombreux emplois mal rémunérés avant de pouvoir comprendre qu'elle entretenait des propos négatifs vis-à-vis de l'argent. La situation s'est répétée jusqu'à ce qu'elle arrive à prendre conscience de ses pensés nuisibles.

Identifions les croyances

Les croyances ne sont pas toujours faciles à déceler tant nous avons pris l'habitude de vivre avec. Elles font partie de notre quotidien sans que nous nous en apercevions. Par exemple, nous pouvons croire que la beauté facilite la réussite. Si nous nous trouvons beaux, cela ne nous portera pas ombrage. Par contre, si nous estimons que nous ne le sommes pas, notre succès n'est pas garanti. En découvrant qu'il s'agit de croyances, nous pouvons vérifier si elles sont en concordance avec ce que nous voulons vivre. Si cela n'est pas le cas, nous avons la possibilité de les changer.

Identifions les croyances personnelles

Nous pouvons créer nos propres croyances. Par exemple, nous pouvons croire que nous n'avons aucun talent créatif ou que nous sommes les meilleurs dans les affaires. Ce n'est pas parce que nous y croyons que ces opinions sont vraies. Par contre, le fait d'y croire entraîne leur réalisation. Les croyances que nous entretenons se vérifient. Si nous croyons que nous sommes irrésistibles, nous aurons certainement beaucoup d'aisance relationnelle. Et cela n'est pas gênant. Mais si nous croyons que nous sommes nuls en langues étrangères, nous risquons fortement de l'être. Ainsi, Manon est mal payée parce qu'elle croit qu'elle ne mérite pas un bon salaire. C'est lorsque nous prenons conscience d'une croyance erronée, ou qui ne nous convient pas, que nous pouvons la modifier.

Identifions nos contraintes

Les contraintes sont plus faciles à repérer. Ce sont tous les préceptes qui commencent généralement par « il faut que », « je dois... ». Ce sont aussi toutes les maximes ou les dictons populaires que nous avons entendus pendant notre enfance et notre adolescence et que nous avons stockés dans notre mémoire. Toutes ces formules agissent comme des directives intérieures que nous nous efforçons de respecter, sans vérifier si elles sont vraiment fondées. Bien souvent, elles sont inutiles et ne génèrent que des entraves dont il est bon de se défaire. Par exemple, « l'avenir appartient aux gens qui se lèvent tôt » est inexact pour bien des professions et pourtant cette citation continue d'exercer sa pression sur de nombreuses personnes.

Remplaçons les pensées négatives

Lorsque nous nous apercevons que certaines pensées sont fausses, nous n'y croyons plus. Par contre, d'autres sont plus difficiles à combattre parce que leurs racines sont plus profondes. Remplaçons-les par une formule positive. Par exemple, transformons « je ne suis pas rapide » en « ma vitesse s'améliore de jour en jour ». La méthode Coué fonctionne !

À retenir

› Les superstitions sont des croyances

Les superstitions font partie des croyances. Elles entretiennent le plus souvent des peurs.

› La puissance des pensées

Nos pensées ont une action sur notre réalité. Il vaut donc mieux penser que « *la vie est magnifique* » plutôt que « *la vie est difficile* ».

› Ayons conscience de nos pensées

Si nous voulons vivre des événements heureux, nos pensées ne doivent pas s'y opposer.

› Nous pouvons changer nos pensées

Si nous nous apercevons qu'une pensée est inadaptée, nous avons la possibilité de la modifier. C'est à nous de décider de le faire.

› Des devoirs encombrants

Nous n'avons pas besoin d'obéir à tous les « je dois » ou « il faut ». Quand nous prononçons ce genre de phrase, vérifions si nous devons vraiment le faire. Bien souvent, nous nous imposons des obligations inutiles. Remettons en question ces devoirs.

› Identifions nos pensées pour nous en libérer

C'est en reconnaissant la nature de nos pensées (croyances, a priori, etc.) que nous pouvons nous en libérer. En effet, le fait de réaliser qu'elles ne correspondent pas à notre authenticité nous permet dans le même temps de nous en défaire. Si nous sommes persuadés que « l'argent ne fait pas le bonheur », il n'est pas certain que nous en ayons beaucoup.

8 – Travail d'investigation

« Ne confonds pas ce qui est naturel
de ce qui est habituel. »

Gandhi

Témoignage

« J'ai connu une période un peu douloureuse. Bien qu'ayant eu deux histoires amoureuses, j'étais toujours seule. La solitude me pesait. Je m'angoissais un peu en me demandant si je connaîtrais un jour le grand amour. Les années passaient, j'allais bientôt avoir 30 ans et ma situation avait l'air bien bloquée côté cœur. Comme mes amies avaient toutes un compagnon, cela m'était de plus en plus pénible d'aller les voir, seule. Je souffrais de ne pas trouver quelqu'un. Je me demandais ce que j'avais de moins bien que les autres pour être encore seule. Pourquoi ne pouvais-je aimer et être aimée ? C'est grâce à une de mes tantes, à un dîner de famille, que j'ai compris qu'il fallait que j'accepte d'abord la solitude. Ce passage avec moi-même était nécessaire. Lorsque ma tante m'a embrassée, elle m'a dit : "Alors, toujours ennuyée de venir avec toi ?" *Cela m'a interpellée. Elle avait touché quelque chose de juste. Grâce à son ton chaleureux et bienveillant, j'ai compris que je ne devais pas éprouver cela. Je ne devais pas me sentir accablée par le fait d'être seule. Pourquoi est-ce que je n'assumais pas la solitude ? Ma tante s'est assise à côté de moi pendant le repas et m'a conseillé de faire des choses que j'aimais. Passer du temps avec moi devait être agréable*

car j'étais de charmante compagnie. Pourquoi ne voulais-je pas le reconnaître ? J'ai admis que la solitude me faisait peur et que je ne savais pas quoi faire. "Change ta façon de voir. Aime-toi. Sois gentille avec toi. Tu vas découvrir quelqu'un de merveilleux parce que tu es merveilleuse." *Ma tante m'a réconfortée et j'ai compris que je m'y prenais mal lorsque j'étais confrontée à moi-même. Sitôt de retour chez moi, j'ai essayé de comprendre pourquoi je me fuyais autant. J'ai pris conscience que je m'étais imposée de trouver quelqu'un avant l'âge de 30 ans. Ce qui est ridicule, pourquoi me mettre ainsi la pression ? J'ai constaté que, bien sûr, j'avais envie d'avoir des enfants, mais que j'avais encore le temps. Cela ne servait à rien d'avoir des craintes sur un futur hypothétique.*
Enfin, j'ai réalisé que j'idéalisais le modèle du couple et que je n'admettais absolument pas d'être seule à mon âge ! J'enviais beaucoup les couples et je trouvais qu'ils symbolisaient le bonheur. J'ai vite corrigé mon point de vue : les célibataires pouvaient aussi être heureux. Ce n'est pas moi que je fuyais mais le fait d'être seule. Le fait de le comprendre m'a immédiatement apaisée. Du coup, j'ai décidé de suivre les conseils de ma tante : j'ai fait des choses que j'aimais et je continue de le faire encore aujourd'hui. Cette période remonte à 2 ans. Je suis toujours célibataire mais la solitude ne me pèse plus et je reste optimiste quant à une future rencontre amoureuse. »

Karine, 31 ans

■ Un peu de théorie

Les liens qui nous entravent

Pour pouvoir lâcher prise, il faut se libérer des liens inutiles. Un petit travail d'investigation est alors nécessaire pour prendre conscience de leur nature. En effet, toutes sortes de liens peuvent nous gâcher la vie : des liens affectifs, relationnels, professionnels ou personnels. Ainsi Karine tenait à l'idée de vivre absolument en couple. Pour elle, il était impensable de vivre seule. Lorsqu'elle a compris qu'être célibataire était compatible avec le bonheur, elle a rompu avec ses anciennes opinions.

Nos relations amicales

Essayons de clarifier les liens que nous entretenons avec autrui. Nous avons des amis et c'est très bien ainsi. Mais comment nous comportons-nous avec eux ? Et qu'attendons-nous d'eux ? Nous pouvons, par exemple, nous montrer toujours très disponibles, surtout lorsque nos amis ont besoin d'aide. Le faisons-nous volontiers ou cela nous pèse-t-il ? En retour, quand nous avons des problèmes, éprouvons-nous le besoin de nous confier et le pouvons-nous ? Pouvons-nous compter sur nos amis ? Demandons-nous beaucoup à nos amis ? Un jour, nous pouvons être déçus ou douter de l'amitié. Quelle valeur attribuons-nous à l'amitié ? Nos relations sont-elles en cohérence avec notre nature profonde ? Il s'agit de saisir quelles sortes de liens nous unissent aux autres et si cela nous convient.

Avec notre partenaire

Une relation se construit et évolue au fil des années. Les disputes sont inévitables et souvent salutaires. Mais les scènes de ménage ne sont pas obligatoires pour améliorer sa relation à l'autre ! Lorsque quelque chose nous déplaît, il vaut mieux en parler, calmement, plutôt que de crier ou encore d'attendre deux semaines, en ruminant, avant de percer l'abcès. Montrons-nous responsables et exposons tranquillement à notre moitié ce qui nous tracasse. Un échange de points de vue est toujours apaisant et libérateur. Cela permet de mettre en lumière ce que nous attendons l'un de l'autre et ce que nous pouvons donner et recevoir.

Nos relations familiales

La famille est le lieu de tous les conflits et cela dès l'enfance. Il est difficile de se séparer totalement de nos interdits conscients et inconscients. Notre objectif est de pouvoir nous exprimer librement et d'apprécier la compagnie de nos parents. Avons-nous des reproches à leur formuler ? Quelles sont nos attentes ? Quelles sont nos obligations ? Avons-nous pardonné ? Nous sommes-nous pardonnés ? Nous sentons-nous aimés ? Les aimons-nous ? Le montrons-nous ? Répondre à ces questions permet de nous alléger si des nœuds non résolus persistent.

Nos relations professionnelles

Au travail, il est fréquent de ne pas avoir de bonnes relations avec tout le monde. Cela ne nous préoccupe généralement pas. Mais, parfois, nous rencontrons de réelles difficultés à travailler avec d'autres. Il peut s'agir, par exemple, d'un chef de service zélé. Si nous nous sentons détachés par rapport à ce problème relationnel, c'est que nous sommes au clair avec nous-mêmes. Par contre, si cela nous pèse, il est alors nécessaire de nous interroger. En quoi cette relation est-elle stressante ? Qu'attendons-nous de notre supérieur ? Qu'attend-il de nous ? La relation peut-elle évoluer ? De quelle façon ? Que faut-il faire ? Quels liens souhaitons-nous entretenir avec notre entourage professionnel ?

Nous n'avons pas le temps

C'est la réponse que nous donnons lorsque nous pourrions nous faire du bien. Nous nous l'interdisons. Nous n'avons pas le temps de prendre un verre après le travail. Nous n'avons pas le temps de faire une activité artistique. Nous n'avons pas le temps d'aller au théâtre. Nous n'avons pas le temps de méditer. Nous n'avons pas le temps de prendre un bain, etc. La prochaine fois que nous prononçons cette phrase, demandons-nous ce que nous fuyons.

À retenir

› Être au clair avec nos relations

Lorsque nous nous sentons « obligés » de voir quelqu'un (un ami, une relation, un membre de notre famille) ou de faire quelque chose pour cette personne, examinons si cette action nous pèse. Si c'est le cas, cherchons pourquoi.

› Nos liens avec le passé

Peut-être que l'autorité parentale agit encore sur nous, plus ou moins consciemment. Nos réactions actuelles nous le disent. Avons-nous systématiquement l'esprit rebelle ? Comment percevons-nous les ordres ? Restons-nous calmes dans n'importe quelle situation contraignante ou autoritaire ?

› Sommes-nous dans l'urgence ?

La vie nous demande beaucoup ou plutôt nous nous laissons étouffer par notre quotidien. Nous courons dans tous les sens : après l'argent, le travail, l'alimentation, le logement… Est-il vraiment nécessaire de stresser ainsi ?

› Estimons-nous

Pour vivre en harmonie avec les autres, il faut d'abord pouvoir le faire avec soi. Nous devons donc consacrer du temps pour nous connaître et nous aimer.

9 – Se remettre en question

« Celui qui marche dans l'intégrité marche en confiance et trouvera le salut. »

Livre des Proverbes

Témoignage

« J'étais soucieuse. Victor, mon fils de 8 ans, avait de mauvais résultats scolaires. Pourtant je lui consacrais beaucoup de temps. Chaque soir, je lui expliquais les leçons qu'il ne comprenait pas. Il avait surtout des difficultés avec la grammaire française et les mathématiques. Je m'efforçais d'être patiente et je passais au moins une heure par jour à l'aider. Au deuxième trimestre, la situation ne s'était toujours pas améliorée. Je suis passée à la librairie acheter le journal et un titre sur un magazine m'a interpellée : "L'échec scolaire". J'ai pris la publication en question et j'ai dévoré le dossier. J'ai découvert que des tas de parents se posaient les mêmes questions que moi. L'échec scolaire était fréquent. J'ai même lu un témoignage qui ressemblait beaucoup à ce que je vivais avec Victor. Le point de vue des psychologues était clair : ils conseillaient d'être moins exigeants avec nos chères têtes blondes. Ils constataient que beaucoup de parents mettaient trop de pression sur leurs enfants. Il fallait les laisser respirer un peu. Les enfants ont besoin de s'amuser et de décompresser. L'article donnait des références d'ouvrages sur le sujet. J'en ai lu une bonne partie, en un temps record. Pour moi, il y avait urgence à ce que Victor ait de bons résultats. Je me suis rendu compte que je l'accaparais beaucoup trop.

Je m'en occupais trop. Je ne le laissais pas vivre à son rythme. Je contrôlais tous les jours ce qu'il avait à faire ou je vérifiais s'il avait fait tous ses devoirs. Je ne lui rendais pas la vie facile et à moi non plus. Au final, j'ai compris que je ne faisais pas assez confiance à mon fils. Je me conduisais comme si j'étais persuadée qu'il n'y arriverait pas. J'exigeais de lui ce que j'exigeais de moi. C'était absurde. Il fallait que je modifie mon attitude. J'ai donc essayé de changer et de faire confiance à Victor. J'ai adopté un comportement différent le jour même et je lui ai dit : "Je n'ai pas le temps de m'occuper de toi ce soir. Fais ce que tu dois faire. Je suis certaine que tu le feras très bien." *J'ai bien vu la surprise de Victor mais il est allé dans sa chambre et s'est mis au travail. Curieusement, je me suis sentie apaisée, détendue. Au bout d'une heure, Victor m'a annoncé qu'il avait terminé.* "Veux-tu vérifier ? – Est-ce nécessaire ? – C'est comme tu veux. – Alors, ça n'est pas la peine." *En changeant mon attitude, je me suis sentie beaucoup mieux et Victor aussi. L'atmosphère est maintenant détendue et les résultats... bien meilleurs ! »*

Annick, 43 ans

■ Un peu de théorie

Le contrôle

Comme Annick, qui vérifie si son fils parvient à faire ses devoirs, nous avons la fâcheuse manie de vouloir contrôler les choses et les gens. La porte est-elle bien verrouillée ? La lumière dans la chambre des enfants est-elle bien éteinte ? Mon e-mail est-il bien parti ? Mon mari a-t-il fait les courses ? Mon fils a-t-il descendu la poubelle ? Toutes ces vérifications nous prennent non seulement du temps mais en plus elles nous encombrent. Pour prendre conscience de tous nos contrôles, observons-nous pendant une journée. Que vérifions-nous ? Est-ce indispensable ? Si nous sommes honnêtes avec nous-mêmes, nous reconnaîtrons que nous pouvons en éliminer une bonne partie. Nous nous sentirons peut-être moins « importants » mais plus légers.

À quoi nous accrochons-nous ?

Nous jouons tous un rôle : celui de parent, d'amant, d'enfant, de collègue, etc. Nous pouvons par exemple employer des termes peu habituels devant un client pour montrer notre professionnalisme. Si l'emploi de ce vocabulaire ne nous vient pas naturellement, si nous avons l'impression de jouer la comédie, nous avons raison. C'est le cas. Alors pourquoi continuer ? Est-ce vraiment indispensable ? Arrêtons d'imiter nos semblables et renouons avec notre véritable authenticité.

Fixons-nous de vrais objectifs

Pour nous réaliser, nous nous fixons des buts à atteindre. Cela est indispensable. Mais beaucoup de nos objectifs sont superflus et nous pourrions aisément les éliminer de notre vie. Par exemple, pourquoi nous laisser submerger par le travail ? N'est-ce pas là le signe que nous nous étourdissons pour oublier de nous connaître ? Que souhaitons-nous atteindre ? Nos objectifs nous concernent-ils directement ? Ne pouvons-nous pas ralentir le rythme et prendre le temps d'être avec nous ? Ne souhaitons-nous pas plutôt nous réaliser et rendre notre vie plus harmonieuse ?

Reconnaissons nos limites

Certains veulent toujours avoir raison et c'est très agaçant pour leur entourage. Lorsque ces gens-là débattent d'un sujet, ils préfèrent camper sur leurs positions plutôt que de reconnaître qu'ils se trompent. Ils ne veulent pas perdre la face. Le jour où ils se libéreront de leur orgueil, ils se sentiront beaucoup mieux. Nous avons tous à nous défaire d'attitudes qui, non seulement, nous desservent, mais nous empêchent d'être vraiment nous-mêmes. Soyons intègres et acceptons nos limites.

Soyons honnêtes avec nous-mêmes

Nous remettre en question, c'est prendre la décision de considérer ce qui ne va pas pour y remédier. Cette démarche requiert de l'humilité puisqu'il s'agit de reconnaître nos erreurs. Cela n'est jamais agréable. Nous devons ressentir le besoin impérieux de découvrir la vérité, pour être en mesure d'examiner sans complaisance la situation. C'est le désir d'authenticité qui va nous guider dans cette phase. Soyons honnêtes avec nous-mêmes pour que la remise en question soit possible.

Exerçons notre sens critique

Nous venons de nous disputer avec notre conjoint. Nous nous isolons, en proie à une grande détresse. Le mieux à faire est tout d'abord de faire tomber l'excitation qui nous trouble. Respirons profondément. Retrouvons notre calme. N'essayons pas de voir qui a raison (dans les disputes, en général, les torts sont partagés). Considérons plutôt ce que nous n'admettons pas et ce qui nous fait souffrir. Au besoin, notons-le. Écrire permet de révéler ce qui ne va pas. Que reprochons-nous à notre conjoint ? Que voudrions-nous qu'il fasse ? S'il le faisait, comment nous sentirions-nous ? Considérons-nous cette dispute comme bénéfique ? Pourquoi ? Posons-nous toutes les questions afin de comprendre ce qui nous bloque ou nous gêne intérieurement. Lorsque nous affirmons quelque chose, comme le conseille Byron Katie(4), demandons-nous simplement : « *Est-ce vrai ?* » C'est une question clé qui est au centre de la remise en question.

(4) Byron Katie, *Aimer ce qui est. Vers la fin de la souffrance*, Éditions Ariane, 2003.

À retenir

› Abandonnons nos comportements contraignants

Arrêtons de jouer un rôle. Acceptons qui nous sommes et montrons-nous ainsi. Assumons-nous.

› Cherchons à être authentiques

Chaque moment de notre vie est précieux. Ne le gaspillons pas en nous étourdissant par des activités superflues. Cherchons à nous réaliser.

› Soyons gentils avec nous-mêmes

Lorsque nous décidons de nous remettre en question, il n'est pas question de nous accabler. La démarche est déjà assez douloureuse comme ça. Il n'est pas nécessaire de la rendre davantage insupportable. Accueillons nos erreurs avec bienveillance. Se tromper n'est pas très grave. C'est humain. En comprenant nos méprises, nous nous en libérons. Cela nous permet d'évoluer.

› Pourquoi nous remettre en question ?

Nous pouvons continuer à vivre sans rien y changer. Mais, si au fond de nous, nous ressentons un malaise, explorer la raison de ce mal-être sera salutaire. Plus nous ferons du « ménage » intérieur, plus nous nous allégerons et plus nous nous approcherons de notre véritable nature. En nous débarrassant de ce qui est superflu et dispensable, nous sommes tout simplement nous-mêmes.

10 – Connaître sa vraie nature

« La vie ressemble à un conte ; ce qui importe, ce n'est pas sa longueur, mais sa valeur. »

Sénèque

Témoignage

« C'était une phase un peu délicate. Je ne me sentais plus à ma place à mon travail mais je ne savais pas vers quoi m'orienter. Je savais qu'il fallait que je fasse autre chose, mais je ne voyais pas quoi. C'était une période très inconfortable, que je vivais très mal. En allant chez le libraire, j'ai vu le titre d'un livre qui m'a immédiatement interpellée. Je l'ai feuilleté et vite acheté. Ce livre a transformé ma vie. Bourré d'exercices, que j'ai faits consciencieusement, cet ouvrage m'a ouvert les portes de mon être. Je suis allée à la rencontre de moi-même et j'ai découvert qui j'étais réellement. Le manque de confiance en moi m'en avait empêchée jusqu'à présent. Le besoin impérieux de me réaliser m'a poussée à aller jusqu'au bout. Cette transformation s'est faite dans la joie. J'étais heureuse de me retrouver. J'ai fait sauter bien des blocages, des doutes et des peurs. J'ai pris conscience que jusqu'à présent je menais ma vie sans prendre les risques nécessaires. Mes efforts jusqu'alors n'engageaient pas mon être en profondeur. Mais là, j'ai décidé d'avancer sans bouée de sauvetage, avec mon intériorité comme guide. Jusqu'à présent, si je travaillais trop, c'était pour m'oublier. Je ne souhaitais pas me voir. J'étais très occupée. J'ai retrouvé le sentiment de sécurité. Je croyais

à nouveau en moi. J'ai pris de l'assurance et j'ai pris conscience de ce que j'aimais et de ce que je n'aimais pas. J'ai reconnu que j'avais certains talents. J'ai renoué avec l'espoir et le sens du possible. J'ai réalisé que la peur me dirigeait et m'empêchait d'oser. Je me suis engagée à être intègre avec moi quoi qu'il arrive. La lecture de ce livre a eu un effet libérateur. Je me suis sentie soulagée, apaisée, confiante. Désormais, j'allais me diriger vers un travail davantage en accord avec moi. Cela a pris un peu de temps, mais, petit à petit, ma situation s'est clarifiée. Plus j'avançais, plus j'apprenais sur moi et plus mes objectifs se précisaient. Jusqu'au jour où j'ai vraiment réussi à faire ce que j'avais envie : des documentaires. J'ai trouvé le courage nécessaire pour changer de cap. J'ai réalisé cinq films. Ensuite, les événements m'ont amenée vers une autre activité, liée à la précédente, l'écriture. Je sais désormais qu'il ne sert à rien de s'attacher à un travail. L'important est de parvenir à faire ce que nous aimons. Tout s'enchaîne naturellement quand nous n'opposons pas de résistance. Aujourd'hui, je prends les choses comme elles viennent. J'ai confiance en la vie. »

Camille, 49 ans

■ Un peu de théorie

Que souhaitons-nous ?

Désirons-nous vivre avec un sentiment de malaise ? Non, bien sûr. Souhaitons-nous demeurer avec nos blocages ? Non. Ce que nous souhaitons tous, c'est le bonheur. Voilà, le mot est lâché. Pour le connaître, il faut savoir ce qui nous rend heureux. Le bonheur est un état qui s'éprouve. Le lâcher-prise y conduit car il donne accès à notre sagesse intérieure. Cette intelligence connaît nos véritables besoins en matière de bonheur.

Un choix de vie

Chacun mène la vie qui a priori lui correspond. Mais, si nous y regardons de plus près, nous nous apercevons que les personnes satisfaites de leur vie sont assez peu nombreuses. Elles sont confrontées à des situations de manque et sont insatisfaites. Si nous voulons avoir une vie qui nous comble, il faut s'en donner la peine. C'est un choix. Cela requiert du courage et de la volonté. Et c'est à la portée de tout le monde.

Découvrons nos vrais désirs

Le mot désir ne concerne pas ici le désir charnel ou toutes les envies vite rassasiées que nous pouvons avoir, comme une voiture, une glace ou une maison. Le désir dont nous parlons correspond à une aspiration profonde. Il s'agit de savoir ce qui nous fait « vibrer » dans la vie. Nos désirs sont bien souvent enfouis en nous, sous un tas de contraintes et de freins qui nous empêchent de les découvrir. Ils sont synonymes de plaisir. Pour les connaître, posons-nous la question : qu'est-ce que nous aimons ou aimerions faire ? Qu'est-ce qui nous empêche de le faire ?

Du temps pour nous

Nous pouvons dès maintenant faire un pas pour obtenir davantage de satisfactions dans notre vie. Au lieu de consacrer du temps à des tâches qui nous ennuient, essayons de l'employer à nous faire plaisir. Pour cela, regardons à quoi nous consacrons trop de temps. Quelles sont les activités « incontournables » qui nous ennuient ? Pouvons-vous réduire ce temps voire arrêter ces tâches (ou les déléguer) ?

Nous réaliser

Comme le dit si justement Michel Lacroix[5] : « *L'être humain ressent des besoins d'un niveau supérieur [...] qui se traduisent par une*

(5) Michel Lacroix, *Se réaliser*, Robert Laffont, 2009.

aspiration à l'accomplissement de soi. » Ce désir intérieur nous pousse à nous accomplir. Sa présence nous guide vers notre potentiel à exploiter. Ce désir impérieux est donc très précieux car, si nous l'écoutons et le suivons, nous connaîtrons l'épanouissement personnel. Ce besoin nous amène à nous détacher de tout ce qui nous encombre, à nous libérer de tout ce qui nous empêchait jusqu'à présent de nous réaliser.

Nos intentions

Nous agissons en fonction de nos intentions. En effet, nous décidons de notre vie et la mettons en œuvre grâce au processus de l'intention. Soyons attentifs à ne pas nous laisser ballotter par les événements. Cessons de nous effondrer au moindre problème. Cécile Kapfer(6) emploie les termes d'« *intention vraie* » et d'« *intention en conscience* ». Elle indique qu'il est « *important de vivre en conscience, parce que cela nous permet d'intégrer nos expériences* ». Ainsi, nous ne subissons pas notre vie mais nous la vivons pleinement. Nous prenons les choses en main et nous les assumons.

Qui sommes-nous ?

Lorsque nous quittons le domaine des pensées pour entrer dans celui de la compréhension, nous atteignons un certain degré de conscience, qui, si nous persévérons, peut nous conduire à notre vraie nature. C'est le siège de la vie au présent. C'est là que réside le *soi*. « *Le moment présent ne fait qu'un avec la conscience que nous en avons* », nous dit Guy Finley(7). Nous sommes nous-mêmes lorsque nous vivons ici et maintenant. Ne cherchons pas à être quelqu'un. Contentons-nous d'être.

(6) Cécile Kapfer, *La voie de l'intention ou comment choisir sa vie*, Éditions Dervy, 2009.
(7) Guy Finley, *Vivre et lâcher prise*, Les Éditions de l'Homme, 2005.

À retenir

› Rapprochons-nous de nos désirs

Si nous ne savons pas exactement quels sont nos désirs, c'est que nous devons vraisemblablement éliminer des blocages. Ne focalisons pas notre attention à les trouver. Notre cœur nous dira à quoi il aspire au bon moment. Confectionnons plutôt un gâteau ou allons marcher. Cela calme le mental et nous pouvons alors entendre les messages que nous délivre notre intuition.

› Toutes les réponses sont en nous

Dans le calme intérieur, nous trouvons toutes les réponses à nos tourments.

› Apprenons à être

À travers nos diverses expériences, nous pouvons nous libérer de tout ce qui nous empêche d'atteindre notre véritable nature. Elles nous permettent de franchir des étapes qui nous amènent à être de plus en plus authentiques, au fur et à mesure que nous nous dépouillons de tout ce qui nous gêne.

› L'équilibre intérieur

Lorsque nous faisons une activité qui nous correspond réellement, nous nous sentons en accord avec nous-mêmes. Nous effectuons la chose juste. C'est pourquoi nous ressentons une harmonie intérieure.

› Vivons consciemment

Nous sommes tous dotés d'une conscience. Par contre, nous ne l'utilisons pas tous à bon escient. Certains vivent à un degré élevé de conscience, d'autres pas du tout. Libre à chacun de décider de sa réalité. Nous pouvons ainsi avoir conscience de ne faire qu'un avec l'ensemble de la création. C'est ce que nous ressentons, par exemple, quand nous admirons la nature.

› Notre vraie nature

Nous la découvrons en vivant dans l'instant présent.

11 – Revisiter ses émotions

« L'orgueilleux aimera mieux se perdre
que de demander son chemin. »

Charles Churchill, *The Farewell*

Témoignage

« Je réagis toujours très fortement, depuis que j'ai 7 ans, au contact des autres ou des lieux. Je ne saisis pas trop bien pourquoi je suis aussi sensible. C'est une sorte de don. Lorsque je rencontre une personne pour la première fois, mes émotions m'avertissent. Si, par exemple, je ressens de l'angoisse, je sais qu'il vaut mieux que j'évite l'individu en question. Parfois, c'est une véritable peur qui m'empoigne : mes poils se hérissent, je transpire. C'est très alarmant. Mais j'ai aussi des émotions plus heureuses. Avec certains, je me sens profondément calme et détendue, parfaitement à l'aise. Je sais dans ce cas que je peux avoir confiance en eux et que j'ai tout intérêt à approfondir la relation. Mais j'ai mis du temps à reconnaître mes émotions. Au début, je ne comprenais pas vraiment pourquoi je réagissais ainsi. Quand j'avais peur, j'essayais de faire abstraction, en me disant que c'était ridicule. Je ne comprenais pas ce qui m'arrivait et personne ne pouvait me l'expliquer. Quand j'en parlais à mes parents ou à mes copines, ils souriaient, se moquaient un peu de moi et je sentais bien qu'ils ne me croyaient pas vraiment. Ils pensaient que je me faisais des idées. J'ai dû faire mon apprentissage, seule. J'ai écouté ce que mes émotions voulaient me dire. Je me suis

surtout rendu compte qu'elles ne se trompaient jamais. Quand je ressentais de la crainte, que ma gorge se nouait et qu'une sensation de froid m'envahissait, je savais qu'il y avait un danger. Mon émotion me mettait en garde. Il était dangereux pour moi de m'aventurer davantage. La sagesse me conseillait d'arrêter. C'est parce qu'une fois je n'ai pas voulu écouter mes émotions, alors que j'aurais dû, que j'ai vraiment accepté de le faire par la suite. J'ai rencontré un homme qui me plaisait, mais au début de notre relation, à chaque fois que je le voyais, j'avais froid et je me sentais terriblement angoissée. C'était une peur profonde qui m'étreignait et je ne comprenais pas pourquoi. J'aurais vraiment dû m'écouter car j'ai beaucoup souffert par la suite. L'homme qui me mettait si mal à l'aise ne m'aimait pas et était néfaste pour moi. Il me harcelait. J'ai mis du temps pour rompre définitivement avec lui. Cela a été un passage très douloureux. Mais aussi une bonne leçon. Dorénavant, j'essaie de prêter attention à ce que je ressens. Je suis très vigilante. Je sais que mes émotions me signalent un danger quand il existe réellement. »

Anne, 32 ans

Un peu de théorie

Les émotions, un précieux indicateur

Les émotions sont le reflet de nos pensées ou plus exactement la conséquence de nos pensées. Par exemple, lorsque nous pensons que nous allons tomber, nous ressentons de la peur. Nos émotions émettent des signaux. Si nous n'avons pas été assez vigilants et qu'une pensée nocive a fait son œuvre, une émotion va nous l'indiquer. Si nous sommes agacés par exemple, nous allons pouvoir remonter à l'origine de notre énervement : qu'est-ce qui a bien pu nous mettre dans cet état ? Ainsi, chaque émotion nous informe et nous permet de décrypter ce qui nous arrive. Grâce à ce cheminement, nous pouvons remettre en question la pensée ayant généré l'émotion.

Analysons notre ressenti

En prêtant attention à ce que nous ressentons, nous pouvons savoir tout d'abord si cela nous est agréable ou pas. Les pensées dont nous ne voulons pas engendrent bien sûr des émotions négatives. Leur ressenti sera désagréable. Mais cela n'est jamais négatif en soi. Ce qui est important c'est de voir le message que notre ressenti nous adresse.
Certaines émotions vont nous faire souffrir. Même si ces émotions sont pénibles, ne les rejetons pas. Essayons au contraire de les analyser. Que nous disent-elles ?

Assumons nos émotions douloureuses

Les émotions qui expriment la souffrance ne sont pas bien vues. Nous les cachons. Nous attendons de nous trouver seuls, par exemple, pour laisser exploser notre tristesse. De même, nous sommes mal à l'aise devant une personne en pleurs. Pourtant, il est nécessaire d'exprimer ses émotions. Cela permet de les comprendre et d'y faire face.

Reconnaissons nos émotions

Il n'est pas toujours aisé de mettre un mot sur notre ressenti. La principale raison c'est que lorsque nous la vivons, nous sommes sous sa coupe. Mais pour comprendre ce qui se passe en nous, il faut pouvoir dire notre ressenti, avec des mots. Le dire est le moyen de reconnaître notre émotion (par exemple : « *Je suis en colère* »).

L'utilité des émotions

Les émotions douloureuses nous indiquent que quelque chose ne va pas. La souffrance est insupportable, ce qui nous oblige à y remédier. Les émotions nous poussent à agir et elles nous sont fort utiles. De même, les émotions positives nous transportent. Ainsi, celle de l'enthousiasme nous permet de soulever des montagnes et d'aller jusqu'au bout d'un projet.

Apprenons le langage de nos émotions

Le plus simple est de commencer à exprimer ce que nous ressentons quand rien de particulier ne nous arrive. Lorsque nous sommes au bureau et qu'une journée tranquille démarre, nous pouvons dire : « *Je me sens bien* ». Dans la rue, nous marchons d'un pas alerte, le cœur joyeux. Nous pouvons dire : « *Je suis gai* ». Nous entraîner à décrypter nos émotions est un excellent exercice pour comprendre par la suite ce qu'un événement déclenche en nous.

Dialoguons avec nos émotions

Les émotions sont de précieuses alliées car elles nous renseignent sur ce que nous pensons. En dialoguant avec elles, nous parvenons à modifier nos pensées et notre état émotif. Par exemple, lorsque nous n'allons pas bien, nos émotions nous l'indiquent. Dans le même temps, elles nous incitent à agir pour changer notre état. Nous nous ressaisissons et reprenons espoir. Là encore, nos émotions nous le soulignent.

Évoluons grâce à nos émotions

Une émotion est tenace : si nous ne comprenons pas son message, elle reviendra jusqu'à ce que nous l'ayons saisie. Les émotions nous poussent sur le chemin du développement. Elles nous aident à nous améliorer.

Vivons heureux

Cultivons les émotions qui nous font du bien plutôt que de nous laisser envahir par celles qui nous font souffrir. Adoptons une attitude joyeuse et les préceptes de la psychologie positive. Nous pouvons choisir de vivre mieux si nous abordons la vie avec davantage de bienveillance et de confiance.

À retenir

› Le reflet de nos pensées

Les émotions nous renseignent sur la nature de nos pensées.

› Nous connaître

Les émotions nous montrent où nous en sommes dans notre cheminement. Lorsque nous sommes sereins, nos émotions le sont aussi. Plus nous faisons attention à leur signification et plus nous comprenons qui nous sommes. Les émotions nous éclairent sur nos valeurs.

› Les émotions nous guident

Lorsque nous prenons une décision, soyons attentifs à ce que nous ressentons. Nos émotions nous indiquent si nous agissons en accord avec nous-mêmes ou pas.

› Soyons à l'écoute

Si nous sommes pris dans le tourbillon de la vie, nous aurons des difficultés à ressentir ce que nous éprouvons. Nous risquons d'être submergés par trop d'émotions à la fois. Arrêtons-nous afin d'adopter un rythme plus apaisé. Les émotions demandent à être assimilées.

12 – La colère

« Quand le sage est en colère, il cesse d'être sage. »

Le Talmud

Témoignage

« Je suis rentré à la maison, un soir, dans un grand état de nervosité. J'ai conscience d'avoir été très irascible envers Violaine, ma compagne, alors qu'elle ne le méritait pas. J'étais fermé, maussade. Je ne parvenais pas à exprimer ce que je ressentais. À table, j'ai injustement crié après elle, lui reprochant d'avoir préparé un plat que je n'aimais pas. Je suis allé dans la cuisine pour me faire autre chose. J'étais dépité. Pourquoi étais-je aussi désagréable avec Violaine ? Quand je suis revenu près d'elle, elle avait terminé son repas. Violaine a pris son assiette et ses couverts, et a regagné la cuisine, en silence. J'ai senti que j'avais dépassé les bornes. Je suis allé la retrouver et je l'ai priée de m'excuser. Mais elle ne me répondait pas. Elle faisait la vaisselle, sans dire un mot. J'ai essayé d'y voir clair en lui disant que j'avais passé une sale journée : "Quand je suis arrivé à l'agence ce matin, j'ai appris que mon client, avec qui je devais signer un gros contrat avait décommandé. Cela signifie qu'il est allé chez un concurrent et que je vais réaliser un très mauvais chiffre ce mois-ci. L'agence a déjà licencié deux collègues, en raison du faible volume de ventes qu'ils ont effectué. J'ai peur qu'il ne m'arrive la même chose. Le secteur ne se porte pas bien et beaucoup d'entreprises ferment. Le directeur d'agence est très inquiet et l'ambiance est assez stressante."

Au fur et à mesure que j'expliquais à Violaine ce qui m'arrivait, je comprenais que j'avais très peur. C'était la peur qui me rendait insupportable avec elle. Je me suis souvenu que sur la route, je m'étais défoulé au volant, en pestant après tous les chauffards, ce que je ne fais que très rarement. Je devenais odieux. J'étais en colère contre la fragilité de ma situation. Plus exactement, j'étais en colère contre moi-même parce que je ne parvenais pas à obtenir des contrats. Je voulais absolument conserver mon emploi. Je me sentais extrêmement menacé. La peur me faisait perdre tous mes moyens. Heureusement, Violaine a compris et a contribué à me calmer : "David, tu n'as pas en t'en vouloir si les gens ne signent pas. C'est le contexte économique qui est en cause. Essaie plutôt de voir combien de temps ton agence peut tenir ainsi. Discute avec ton directeur. Et si tu dois changer d'emploi, ça n'est pas dramatique." *J'ai retrouvé mon calme. Depuis, la situation s'est un peu arrangée et j'ai conservé mon emploi. Cet épisode m'a permis de prendre conscience des dégâts que je pouvais faire lorsque je ne faisais pas attention à ce que je ressentais. Désormais, j'essaie de ne plus me laisser entraîner par mes émotions. Je m'efforce de les comprendre.* »

David, 36 ans

■ Un peu de théorie

Qu'est-ce que la colère ?

La colère est une émotion qui nous indique notre insatisfaction. Elle nous signale que quelque chose ne va pas. Nous sommes perturbés, mal à l'aise. Nous devenons agressifs, tendus.

Comment se manifeste la colère

Le comportement colérique peut aller du simple agacement jusqu'au coup de pied dans la porte. Plus la colère est contenue, plus son expression est forte lorsqu'elle sort. La colère est assez primitive. Lorsque nous laissons exploser notre colère, nous avons du mal à nous contrôler. L'expression « il est hors de lui » montre à quel point il est difficile de la maîtriser. La folie peut aisément nous gagner. Nous pouvons nous laisser emporter par la colère et faire n'importe quoi.

La colère démarre avec des signes annonciateurs comme l'anxiété ou l'impatience. Cette sensation n'est pas agréable. Nous savons que quelque chose nous contrarie. Si nous ne faisons rien pour y mettre un terme, nous devenons sensibles aux événements qui, généralement, nous laissent indifférents. Une situation (de trop) va déclencher la colère. C'est un peu comme une soupape qui, tout d'un coup, jaillit. En explosant, nous montrons que nous avons perdu le contrôle. De ce fait, nous nous sentons encore plus vulnérables.

Après quoi nous mettons-nous en colère ?

La colère est rarement dirigée contre ce qui l'a provoquée. Comme David, qui se met en colère après Violaine : Violaine n'a pourtant rien fait pour provoquer une colère aussi démesurée. L'emportement de David contre sa compagne n'est pas justifié. Son expression prouve que des événements antérieurs l'ont troublé. David va, fort heureusement, chercher quelle est la véritable raison de sa colère. Il va s'apercevoir qu'il a peur de perdre son emploi parce qu'il ne remporte pas suffisamment de contrats. Sa colère est donc dirigée contre lui-même. C'est généralement le cas : notre colère est dirigée contre nous. Quelque chose nous contrarie. Nous nous sentons impuissants. Mais la colère peut aussi être dirigée contre une personne : un parent autoritaire ou blessant par exemple.

loin d'eux ? Sommes-nous attachés à des habitudes, comme la télévision ou Internet ? Quelles sont les choses qui nous empêchent d'être avec nous-mêmes ?

Le poids des souvenirs

Nous sommes souvent attachés à des objets qui nous évoquent le passé. Nous ne parvenons pas à nous en libérer. Est-il si important de conserver ce tableau offert par un ex ? À quoi cela nous sert-il de le garder ? Ce tableau nous rassure-t-il ? Pouvons-nous nous séparer des objets qui ont uniquement une valeur affective ? Réfléchissons à ce à quoi nous tenons. N'est-ce pas là l'occasion de nous en affranchir ?

Être ou avoir

La grande question est de savoir si nous privilégions le fait de posséder à celui d'être. S'entourer d'objets inutiles, vivre dans le désordre, accumuler des objets sont des habitudes nuisibles. Il est nécessaire de savoir ce que nous préférons : continuer à amasser comme le souhaite notre société de consommation ou accepter de vivre plus simplement, avec ce dont nous avons vraiment besoin ? Voulons-nous continuer à être menés par notre environnement consumériste ou souhaitons-nous être en harmonie avec nous-mêmes ?

Faisons de la place pour recevoir

En faisant table rase de tout ce qui nous encombre, nous permettons au nouveau d'entrer. Comment pouvons-nous l'accueillir dans un milieu surchargé ? En nous séparant du superflu, nous sommes à nouveau disponibles.

Choisissons nos relations

Sachons nous entourer de gens que nous estimons vraiment. Si certaines relations nous pèsent, rompons les liens. Ne gardons que celles qui nous permettent d'être bien.

À retenir

› Soyons légers

En allégeant nos lieux de vie, nous rendons nos esprits plus alertes. Nous faisons du ménage à l'extérieur comme à l'intérieur.

› Prenons soin de notre environnement

En conservant uniquement ce qu'il nous faut pour être bien, nous donnons de la valeur aux choses qui nous entourent. Nous choisissons de vivre dans un endroit qui nous va et qui nous correspond. En respectant nos lieux de vie, nous nous respectons également.

› Une vie simple

Une fois nos habitations délestées de tout ce qui les encombre, interrogeons-nous sur ce que nous allons faire. Que souhaitons-nous avoir à présent ? Comment voulons-nous vivre ? C'est le moment de décider de mener une vie simplifiée. Étudions ce qui est essentiel pour nous. Entourons-nous de l'utile, du beau et de l'agréable.

› Privilégions l'être

Plutôt que de posséder à outrance, décidons d'avoir ce qui nous est indispensable et ce que nous aimons. En adoptant ce principe, nous accordons davantage de place à qui nous sommes réellement.

› Un lieu inspirant

Décidons de vivre dans un lieu ressourçant et inspirant, où nous nous sentirons bien.

› Soignons les gens que nous aimons

Respectons-nous. Ne nous encombrons plus de relations pesantes. Ayons le courage d'assumer nos choix et entourons-nous de gens aimables.

25 – Être

« Être veut dire présence. »

Martin Heidegger

Témoignage

« Je ne suis pas un adepte de la méditation mais j'aime bien néanmoins me livrer à des "activités" qui y ressemblent. De temps en temps, par exemple, je vais dans la nature pour être au calme. Je cherche un endroit tranquille et je m'assois. Là, je ne fais rien. J'observe. Je peux ainsi m'apercevoir de la présence des écureuils et des oiseaux. Je me sens privilégié de pouvoir regarder vivre tous ces animaux. Pour eux, tout a l'air simple : ils cherchent à se nourrir. Ils sont vifs, joyeux. J'admire aussi la majesté des arbres. Parfois, je m'installe au bord de l'eau. J'écoute et j'essaie de voir des poissons. Cela me ressource et j'ai vraiment la sensation d'exister pleinement. C'est un bol d'air nécessaire pour mon bien-être physique et mental. Ces rendez-vous sont devenus indispensables. C'est comme un appel intérieur pressant. Je dois y aller pour me retrouver et être à nouveau avec moi. Dans la nature, je sens ma présence, le Soi. Je suis calme, en paix. J'ai accès à la sérénité. Quand je retourne chez moi, je suis en pleine forme et heureux de vivre. Cela peut paraître idiot, mais j'ai besoin de m'offrir ce moment, rien que pour moi. Je ne considère pas cela comme égoïste mais au contraire indispensable à mon équilibre. Cette pause avec moi me rend joyeux et donc je suis beaucoup plus agréable avec les autres. Je fais très attention à me respecter. J'écoute mes désirs, mes envies. Je prends du temps avec ma propre personne

parce que j'ai appris à m'aimer. Je fais aussi attention à ceux qui m'entourent. J'essaie de les aimer du mieux que je peux. Je me suis libéré des croyances qui me faisaient du tort. Par exemple, quand j'avais la trentaine, j'avais une haute opinion de ma personne. Je voulais toujours me valoriser et je cherchais à me mettre en avant. En fait, je me gâchais la vie, mais je ne le savais pas. Un jour, je ne suis pas parvenu à respecter les délais dans mon travail. J'en étais malade. Je me sentais honteux. Mon ego me faisait terriblement souffrir. Ce retard montrait que je n'étais pas à la hauteur. Mais cette "faute" n'a pas eu de répercussion. Mon supérieur m'a simplement fixé un délai supplémentaire. Ce manque de "considération" m'a blessé. J'ai réalisé que je n'étais pas si important que cela et qu'il n'était pas nécessaire d'en faire trop. Du coup, je suis devenu moins orgueilleux et moins exigeant. J'ai évolué au fil des ans. Je crois que je suis enfin humble. Je me sens bien dans ma peau aujourd'hui. Je sais qui je suis et j'ai fini par m'accepter. Je n'avais pas une grande estime de moi avant parce que je me cherchais. Je ne savais pas de quoi j'étais capable. Toutes mes erreurs m'ont beaucoup appris. Je sais m'entourer de gens que j'aime. »

Loïc, 48 ans

■ Un peu de théorie

Qui sommes-nous ?

Nous nous posons tous un jour la question de savoir qui nous sommes. C'est même une interrogation cruciale au moment de notre adolescence. Cette quête semble devoir durer toute la vie. Nous nous forgeons d'abord une personnalité. Nous apprenons progressivement à mieux nous connaître. Nous cherchons à nous accomplir et notre besoin de réalisation de soi se précise au fur et à mesure que nous évoluons. Les autres occupent une place importante : que serions-nous sans leur regard et leur approbation ? Devenir soi, c'est se sentir responsable et en harmonie intérieure. Ce que nous cherchons, c'est nous épanouir et nous engager dans un projet qui donne du sens à notre existence. Devenir soi ne serait-ce pas réussir sa vie ?

Être soi

Être soi, c'est devenir libre. Il faut pouvoir s'assumer et ne plus vivre, par exemple, par rapport au regard des autres. Pour être nous-mêmes, nous devons nous considérer avec humilité et lucidité. Nous devons nous efforcer d'être fidèles à nous-mêmes. Être soi s'inscrit dans un processus, celui d'individuation, selon Carl Gustav Jung, et demande du courage. Nous devons pouvoir nous détacher de tout ce que nous avions construit comme carapaces, fausses croyances, etc. Être nous-mêmes, c'est nous montrer tel que nous sommes, dans toutes les situations et avec n'importe quelle personne.

Trouvons un équilibre

Être c'est trouver un équilibre entre ce que nous sommes et ce que nous voulons vivre. Nous devons parvenir à diriger notre vie pour la mener de façon sereine. Pour cela, il nous faut respecter notre personnalité et nos valeurs, connaître nos compétences et les utiliser, savoir ce que nous aimons faire et agir dans ce sens.

Soyons intègres

Le lâcher-prise nous demande de lever le voile sur tout ce qui encombre notre esprit. Plus nous ôtons nos protections, plus nous nous montrons et plus nous sommes nous-mêmes. Nous nous dirigeons vers davantage d'intégrité. Dans le silence intérieur, nous savons qui nous sommes. C'est cette recherche de soi qu'il faut respecter. Nous sommes guidés de l'intérieur pour nous dépouiller de tout ce que nous avons fabriqué à l'extérieur, pour nous protéger. Mais cette protection nous empêche d'être véritablement nous-mêmes. Il faut, au fil des ans, nous en débarrasser. Ne faisons plus de compromis avec nous-mêmes. Acceptons de vivre en conformité avec qui nous sommes vraiment.

Recherchons l'essentiel

Sachons reconnaître ce qui est important pour nous. À quoi et à qui tenons-nous sincèrement ? Prenons conscience de ce qui est inutile. Choisissons de vivre en accord avec nous.

Mettons du sens dans notre vie

En lâchant prise, en nous allégeant, nous accédons à davantage de liberté. Nous refusons les choses superflues, les relations ennuyeuses. Nous recherchons ce qui fait sens et ce qui nous apporte de la joie.

Ayons foi en nous

Nous avons tous des rêves de réussite, de bien-être, de bonheur. Écoutons-les et suivons-les. Nos buts intimes correspondent à nos désirs de réalisation et à ce que nous sommes.

Écoutons notre intuition

Lorsque nous sommes confrontés à un problème qui nous semble insoluble, il ne sert à rien de le ressasser dans tous les sens. Au contraire, demandons à notre mental de se taire. Faisons place au silence et stoppons nos pensées. Ne pensons plus à notre difficulté. La solution apparaîtra spontanément d'elle-même un peu plus tard. Lorsque nous cherchons un mot ou le nom d'une personne, nous pouvons procéder de la même manière. Arrêtons de chercher et pensons à autre chose. Notre intuition va nous indiquer le terme.

Accédons à notre conscience

Tout ce que nous avons besoin de connaître se trouve en nous. Il n'est pas nécessaire de consulter un maître zen ou un spécialiste spirituel. Comme le dit Guy Finley[9] : « *Nous sommes créés, chacun de nous, pour découvrir la vérité sur nous-mêmes à l'intérieur de nous-mêmes.* » La conscience est disponible dans l'instant. Ainsi, tout ce que nous avons besoin de connaître se trouve dans le moment présent. C'est la clé pour vivre en pleine conscience.

(9) Guy Finley, *Vivre et lâcher prise*, Les Éditions de L'Homme, 2005.

À retenir

› Respectons-nous

Être soi c'est prêter attention à qui nous sommes pour nous permettre de nous accomplir.

› Une vie harmonieuse

Être soi, c'est chercher à mener une vie en conformité avec notre nature, nos souhaits et nos valeurs.

› Menons la vie qui nous correspond

Sachons reconnaître notre potentiel et l'utiliser dans un projet qui fait sens.

› La réponse est en nous

La connaissance de soi nous est délivrée lorsque nous écoutons notre sagesse intérieure.

› Respectons-nous

Soyons honnêtes avec nous-mêmes et ne faisons plus de compromis. Décidons d'être intègres et vrais.

› À l'écoute de soi

L'intuition est le chemin le plus sûr pour connaître notre vérité intérieure.

› La sagesse de l'instant

C'est en vivant dans le moment présent que nous accédons à notre conscience.

26 – Sentir le flux

« Fais toute chose parce que tu sais intérieurement que c'est juste pour toi et que seul le meilleur en sortira. »

Eileen Caddy

Témoignage

« Ma vie semblait bien réglée jusqu'au jour où je me suis retrouvée au chômage. Là, j'ai été confrontée à toutes sortes d'obstacles difficilement surmontables. J'occupais alors un poste de chef de produit dans un groupe du secteur alimentaire. Les effectifs ont été divisés par deux après le rachat par un groupe encore plus important. Je pensais retrouver facilement un emploi mais cela n'a pas été le cas. J'ai cherché dans un autre domaine, mais j'ai été obligée de constater que les places étaient encore plus rares. Je ne savais plus quoi faire. J'ai eu une période de flottement. Je me sentais ballottée par les événements et ma vie avait perdu son sens. Je ressentais comme un vide. C'était fort déstabilisant. Moi qui étais si vive et entreprenante. Là, j'étais perdue. J'ai rencontré une conseillère du pôle emploi qui a, fort heureusement, compris ce qui m'arrivait. Elle m'a suggéré de faire un bilan de compétences, ce que j'ai fait. J'ai été reçue par une psychologue très compréhensive. Comme je n'avais plus d'idées sur ce que je pouvais faire, j'ai fait des tests de personnalité. Cette première approche a mis en avant mon goût pour la nature. C'est vrai que, dès que je le peux, je m'évade à la campagne pour m'aérer. La ville est trop stressante pour moi. Les résultats ont révélé que je souhaitais être utile aux autres. Avec la psychologue, nous

avons cherché les secteurs et les postes qui pouvaient correspondre. J'avais des rendez-vous chaque semaine avec elle et nous réfléchissions chacune de notre côté. En confrontant nos idées, j'ai pu avancer et clarifier ce qui m'intéressait. Au bout d'un mois, mon projet se précisait : j'avais très envie de travailler pour les jardins d'insertion dans un poste de chef de projet. Il fallait simplement que je suive une formation à dimension sociale, ce que j'ai fait. Une fois le domaine et le poste définis, les événements se sont enchaînés très vite. J'ai trouvé facilement une formation. Ayant été licenciée, je bénéficiais d'une aide ce qui m'a permis de me former sur six mois, sans rien débourser tout en percevant mes indemnités de chômage. J'ai commencé à chercher un poste, au milieu de ma formation. Je m'en félicite car j'ai pu démarrer mon poste actuel, immédiatement après ma formation. Je n'ai eu aucun temps mort. Tout s'est enchaîné naturellement. C'est comme si tout se débloquait parce que je faisais quelque chose qui me correspondait. Il n'y avait donc aucune raison que ça ne marche pas ! Je me sentais bien, confiante. J'avais la certitude que j'allais trouver un emploi en concordance avec mes aspirations. Aujourd'hui, j'occupe toujours ce même poste et j'en suis ravie. Je me sens exactement à ma place. Ce métier est fait pour moi ! »

Nathalie, 38 ans

Un peu de théorie

Cultivons le sens du possible

Comme Nathalie, ne soyons pas bloqués par des idées arrêtées. Nathalie ne s'est jamais dit qu'elle ne trouverait jamais d'emploi, elle a persévéré pour enfin découvrir le poste qui lui convenait. En lâchant prise sur des opinions erronées ou des a priori (comme « je n'y arriverai jamais », « je suis trop âgé », « je ne suis pas assez qualifié », etc.), nous permettons aux situations de se dénouer. Les événements peuvent ainsi se produire.

Une confiance inébranlable

Lorsque nous sommes confiants, tout s'enchaîne facilement. Même si cela n'est pas toujours facile, lorsque nous sommes confrontés à un problème par exemple, restons optimistes et cherchons toujours à trouver une solution à ce qui arrive. Cette démarche permettra effectivement que les choses s'améliorent.

Surveillons notre humeur

Les signes de mauvaise humeur nous avertissent que quelque chose ne va pas. Prêtons attention à ce mouvement pour pouvoir nous en libérer. Soyons de « bonne » humeur car cet état d'esprit ne peut nous apporter que de bonnes choses. N'est-il pas plus agréable d'être gai plutôt que triste ? Alors décidons de l'être le plus souvent possible. L'optimisme se travaille. Nous nous portons bien mieux lorsque nous sommes joyeux.

Soyons dans le flux

Lorsque nous lisons un livre qui nous passionne, nous n'avons plus la notion du temps, tellement nous sommes absorbés par notre lecture. C'est que nous sommes dans un état de flux. De même, lorsque nous faisons l'action juste, celle qui est en accord avec soi et ce qui nous entoure, nous le savons et nous la vivons de manière intense. Nous ne pensons plus à nous-mêmes tellement nous sommes absorbés par notre tâche. Nous ressentons du plaisir tout en donnant le meilleur de nous-mêmes. Le psychologue Mihaly Csikszentmihalyi(10) parle de « l'expérience optimale ».

Fixons des objectifs

Pour Mihaly Csikszentmihalyi, il est nécessaire de se fixer des buts

(10) Mihaly Csikszentmihalyi, *Vivre. La psychologie du bonheur*, Éditions Robert Laffont, 2004.

pour vivre cet état de flux. Ces enjeux correspondent à ce que nous décidons de faire de notre vie. Comme Nathalie, nous pouvons décider de faire ce que nous aimons et nous rendre utiles.

De la concentration

Être dans le flux signifie prêter attention à ce que nous faisons tout en restant sur le chemin fixé, à savoir celui qui mène à la réalisation de nos objectifs. Nous devons veiller à rester sur la bonne voie.

Ne nous opposons pas

Ne résistons pas aux événements qui surviennent mais apprenons à composer avec eux. Ainsi, Nathalie a d'abord recherché un poste similaire puis elle a fait un bilan de compétences. Elle n'a pas tenté de s'opposer à son licenciement. Elle ne s'est pas non plus entêtée à trouver le même emploi. Elle a accepté que les choses changent et elle a cherché d'autres solutions. Lorsque nous essayons de nous adapter, les choses sont plus simples. Il faut avoir l'humilité de reconnaître que parfois nous ne maîtrisons pas tout. Soyons curieux de voir comment nous comporter pour résoudre un problème plutôt que de le refuser.

Soyons ouverts sur l'extérieur

Il ne sert à rien de ruminer et de se lamenter lorsque les choses ne vont pas comme nous le souhaitons. Examinons ce que le contexte peut nous proposer. Nathalie ne peut plus être chef de produit. Elle ne passe pas ses journées à le déplorer. Elle agit. Elle regarde à l'extérieur ce qui existe en concordance avec ce qu'elle sait faire et ce qui lui plaît. En étant ouverts sur l'extérieur, nous avons la possibilité de saisir des opportunités et nous pouvons sentir que nous appartenons à un monde plus vaste.

Le sens du mouvement

La vie évolue sans cesse. Rien n'est statique. Nous pouvons nous en apercevoir chaque jour, dans notre quotidien. Sentir ce courant signifie que nous sommes libérés de nos vues étroites et de nos certitudes. Nous sommes prêts à saisir ce qui se présente comme nous sommes capables de comprendre une situation ou encore de trouver comment résoudre un problème. Nous vivons avec davantage de spontanéité et de confiance. Nous allons dans le sens de la vie.

À retenir

› Trouvons la rivière

Nous pouvons tous vivre dans le flux. Pour cela, nous devons choisir de vivre de façon authentique. Il suffit de réaliser notre potentiel tout en nous sentant utiles.

› Faisons ce que nous aimons

Pour vivre dans le flux, faisons ce que nous aimons.

› La vie à l'envers

Ce n'est pas en ayant davantage de biens matériels ou d'argent que nous serons plus heureux. La démarche est inverse : nous devons d'abord être ce que nous sommes, faire ce que nous devons et ensuite avoir ce que nous voulons.

› Observons le problème

Ce n'est pas en se laissant dominer par les événements que nous irons mieux. Nous devons au contraire saisir ce qui nous arrive et chercher une solution.

› Cultivons la sécurité

Soyons sereins quoi qu'il arrive. Soyons certains de venir à bout de tous nos soucis. C'est en adoptant une attitude confiante que nous surmonterons tous les obstacles.

27 – Aimer davantag

« La haine excite toutes les querelle
l'amour couvre toutes les fautes. »

La Bible

Témoignage

« La vie nous offre de nombreuses occasions de nous plaindre ou de nous réjouir. En ce qui me concerne, j'ai choisi la deuxième option. Je me suis rendu compte que positiver rendait la vie plus facile et permettait d'être de bonne humeur. Mais je dois surveiller mon attitude. Parfois, mes anciennes habitudes veulent revenir. Il faut que je sois vigilante. Je travaille dans une compagnie d'assurance et les ragots ou les médisances font souvent le tour des bureaux. Avant, je participais activement à toutes ces conversations nocives mais aujourd'hui je les évite. J'ai compris que ça ne m'apportait rien, bien au contraire. Je l'ai réalisé petit à petit, en prenant conscience d'une sorte de malaise que j'avais après ces discussions malsaines. Je ne veux plus être comme ça. C'est un comportement que j'ai définitivement abandonné. Même quand une amie essaie de m'amener à critiquer sa voisine ou je ne sais qui, je refuse. Je lui dis simplement : "Arrête. Tu te fais du mal à médire ainsi." *Et je passe à un autre sujet.*
J'essaie de vivre le plus agréablement possible. Peut-être parce que je commence à vieillir. Je m'aperçois que la vie est courte et qu'il faut la respecter. Je veux pouvoir rire chaque jour. Les occasions ne manquent pas, heureusement. Je suis très entourée et les gens que je côtoie sont d'un naturel plutôt gai. Et

puis, je crois que cela fait partie de mon tempérament, j'aime l'humour et je me réjouis assez facilement de petites choses. Par exemple, lorsque j'entends le chant d'un merle, j'arrête toute activité pour l'écouter de toutes mes oreilles. C'est tellement beau ! J'en ai presque les larmes aux yeux.
Mes enfants sont indépendants et, lorsqu'ils viennent dîner, je m'efforce de leur faire plaisir. Je prends le temps de confectionner un gâteau la veille, parce que c'est toujours meilleur le lendemain. Comme je travaille, je suis obligée de m'organiser : je programme mon menu, mes achats et le temps de préparation pour être certaine de leur faire quelque chose de bon. J'aime cuisiner et je m'applique. Il m'arrive, bien sûr, d'avoir des petites contrariétés, comme tout le monde, mais je m'efforce de relativiser. Chaque souci peut être surmonté. C'est à chacun de lui donner la dimension qu'il souhaite. S'il veut se gâcher la vie, son problème va devenir un drame. S'il veut jouir de la vie, son tracas va être considéré comme il le mérite et vite réglé. Moi, je ne veux pas me laisser envahir par la tristesse ou la mauvaise humeur. C'est une règle de vie. »

Sylvie, 52 ans

■ Un peu de théorie

Apprécions chaque journée

Sachons goûter aux joies de la vie. Nous pouvons apprécier, comme Sylvie, le chant d'un oiseau. Nous pouvons nous livrer à une activité que nous aimons. Nous pouvons consacrer du temps aux personnes que nous estimons. Tout ce qui se présente à nous est susceptible de nous procurer des instants de bonheur. Le matin, si nous sommes réveillés par un rayon de soleil, n'est-ce pas délicieux ? Nous devons prendre la joyeuse habitude de saisir toutes les opportunités de bonheur. Le bonheur s'entretient et se provoque. C'est une attitude de vie. Essayons de démarrer la journée du bon pied et tenons-nous prêts à l'accueillir.

Cultivons la bonté

Essayons d'être aimables et aimants. Retrouvons la bonté qui est en nous. Soyons bienveillants et développons l'empathie. Cette attitude de cœur nous emplit de bien-être. La bonté fait partie de notre nature profonde. Il suffit juste de l'activer.

Ne portons plus de jugement

Adoptons une attitude de bienveillance en décidant de ne plus porter de jugement sur les autres. Nous n'en prenons pas toujours conscience, mais juger autrui ne nous apporte rien de positif. Cela ne peut que nous culpabiliser et nous encombrer. De quel droit pouvons-nous juger les autres ? À chacun de mener sa vie comme il l'entend.

Ne cultivons pas la haine

Arrêtons de détester telle personne ou de médire sur telle autre. Abandonnons toutes ces attitudes pesantes. De même, lorsque quelqu'un s'apprête à critiquer une de nos connaissances, essayons d'arrêter ses propos. Sommes-nous satisfaits lorsque nous alimentons des conversations malveillantes ? Non. Cela nous déplaît parce que toutes ces énergies négatives sont nuisibles.

Prenons du plaisir

Ne cherchons pas systématiquement une activité ou quelque chose qui nous procurerait de la joie. Contentons-nous de savourer ce qui se présente. C'est en agissant de cette façon que nous activerons la sensation de plaisir. Le plaisir s'expérimente et se ressent. Il sera alors plus aisé de le développer par la suite. Nous saurons saisir et provoquer ce qui nous met en joie.

Aimons-nous

Pour lâcher prise, il est nécessaire de nous faire confiance. Cela implique que nous ayons une certaine estime de nous-mêmes. Nous pouvons tous vivre la vie qui nous correspond. Nous devons juste nous autoriser à vivre selon nos aspirations et nous aimer suffisamment pour prendre les risques nécessaires.

Aimons les autres

Lorsque nous parvenons à nous aimer, il est alors plus aisé d'aimer autrui. Nous pouvons nous montrer bienveillants avec nos voisins, nos collègues et toutes les personnes que nous croisons sur notre route. Adoptons une attitude ouverte et sereine envers les autres et nous nous sentirons très riches. Cela facilite les relations de qualité. N'est-il pas délicieux d'aimer, de se sentir aimé et apprécié ?

Agissons avec notre cœur

Lorsque nous nous livrons à une activité, essayons de faire de notre mieux. Accomplissons-la avec notre cœur. Ainsi, Sylvie, avant de recevoir ses enfants, va mettre beaucoup d'elle-même en préparant le dîner. Elle va s'investir pour prendre du plaisir mais aussi en donner. Lorsque nous agissons ainsi, notre tâche est, d'une part très prenante, et d'autre part, très agréable.

Visons la satisfaction

En prenant conscience de ce qui nous déplaît, nous pouvons y remédier. Comme l'affirme Guy Finley[11] : « *C'est seulement grâce à notre insatisfaction, que nous comprendrons qu'il n'existe, pour nous, qu'une seule voie.* » Ainsi, notre insatisfaction nous guide vers ce qui nous satisfait et vers ce qui nous sommes. En nous libérant de nos croyances, nous devenons de plus en plus satisfaits car plus proches de notre vérité intérieure.

Écoutons notre cœur

Pour vivre pleinement, écoutons notre cœur. C'est lui qui sait ce qui nous convient. Comme l'indique Guy Finley[11] : « *La satisfaction que votre cœur désire vit déjà en vous et attend seulement que vous lui offriez la place qui lui revient de droit en vous souvenant de sa paix.* »

(11) Guy Finley, *Vivre et lâcher prise*, Les Éditions de L'Homme, 2005.

À retenir

› Vivre au quotidien

Sachons nous émerveiller à chaque manifestation de la vie : le premier bourgeon du printemps, le chant d'un oiseau, le rire cristallin d'un nouveau-né…

› S'attendre au bonheur

Le bonheur se cultive. Soyons prêts à l'accueillir dans notre vie. Montrons-nous enjoués. Partons à la découverte du bonheur.

› Soyons gentils

Montrons-nous aimables. Sourions. Soyons bons avec nous et avec les autres.

› Arrêtons de médire

Ne critiquons pas nos collègues ni nos amis. Cela ne sert qu'à nous faire du tort.

› Goûtons au plaisir

Chaque journée nous offre la possibilité de prendre du plaisir. Sachons le ressentir pleinement.

› Sachons aimer

Prenons la décision de nous aimer. Faisons sauter tout ce qui nous en empêche. Prenons conscience de notre chance de connaître autant de personnes merveilleuses !

› La voie du cœur

Sachons écouter notre cœur et faire ce qu'il nous demande.

8 – Un apprentissage tout au long de la vie

« Apprends à faire tranquillement ce qui doit être fait, sans te jeter dessus, et sans bruit ni fanfare. »

Eileen Caddy

Témoignage

« J'ai eu un déclic le jour où j'ai vraiment lâché prise. J'ai compris comment mon esprit fonctionnait. J'ai pris conscience des souffrances inutiles que je subissais et que j'imposais aux autres. J'avais la fâcheuse manie de contrôler mon entourage, mais je n'en avais pas vraiment conscience. Si je "surveillais" mon fils Julien, en lui demandant de me montrer ses devoirs, c'était pour l'aider. Lorsque je demandais à mon épouse, Magalie, si elle était allée au supermarché, c'était pour savoir si je devais le faire. Mais je ne me rendais pas compte que c'était pesant pour eux. Ils avaient l'impression d'être contrôlés. Je l'ai compris plus tard, à la suite d'une scène de ménage bien méritée. J'ai réalisé que je n'avais pas à m'immiscer ainsi dans leurs habitudes. Ils y arrivaient très bien sans moi. Il était inutile que je les interroge sans cesse. Il n'était pas nécessaire que je me mêle de tout, comme j'avais pris l'habitude de le faire. J'ai lâché prise. Je leur laisse dorénavant tout leur pouvoir. Ils décident sans mon "précieux" avis. Je les laisse vivre, en un mot. Du coup, nos relations se sont améliorées et je ne ressens plus le stress que je m'infligeais. Je ne me rendais même pas compte que je

m'imposais cette obligation. Je vérifiais tout ! Cela a été une première étape. Mais c'était loin d'être suffisant. Je me suis aperçu que j'avais beaucoup de choses à modifier dans mon comportement. En effet, ce que je faisais à la maison, je le faisais aussi au bureau et même en faisant mes courses ! Progressivement, je me suis libéré de tout ce qui provoquait de la pression. Par exemple, j'avais des a priori sur certaines personnes. Je ne les voyais pas telles qu'elles étaient réellement. J'avais aussi des croyances stupides quant à mon rôle d'homme. Je m'empêchais de pleurer. Aujourd'hui, je respecte mes émotions et je m'autorise à les montrer. Mais je sais que j'ai encore beaucoup à apprendre. Je n'ai pas fini de me découvrir. Ça n'est pas de tout repos. Cela me demande énormément de vigilance et de volonté. Mais je veux vivre de façon intègre et essayer de ne pas gâcher mon existence. Je veux faire la chose juste, celle qui me correspond. J'avance sans filet. C'est à la fois excitant et terrifiant. Je m'efforce de vivre dans l'instant et de faire chaque jour ce que je dois faire. Je suis devenu beaucoup plus humble. J'ai grandi. J'ai davantage d'empathie aussi. Je sais que je progresse, même si mon évolution n'est pas spectaculaire. Je me sens de mieux en mieux, de plus en plus entier. »

Marc, 40 ans

■ Un peu de théorie

Intégrons le lâcher-prise progressivement

Au fil des années, nous avons construit notre personnalité. Mais nous avons aussi adopté, plus ou moins consciemment, des principes et des croyances qui nous desservent. Nous ne pouvons pas nous défaire du jour au lendemain de tout ce conditionnement issu de nos parents, de l'école et, d'une façon plus générale, de la société. Nous avons mis des années à être ce que nous sommes.

Nous ne pouvons pas ôter le superflu d'un seul coup. Lâcher prise requiert du temps car c'est un processus qui se vit, s'expérimente et s'apprend. C'est au fur et à mesure que nous nous défaisons de nos croyances encombrantes, que nous prenons de plus en plus conscience de qui nous sommes réellement. Mais il faut lever chaque voile, un à un.

Combien de temps pour lâcher prise ?

La première expérience de lâcher-prise permet de saisir comment il opère. Mais, ce n'est qu'un début. Pour devenir vraiment entiers, il faut se délivrer de tout ce qui n'est pas indispensable. Nous devons nous débarrasser de nos conditionnements et cesser de nous identifier à l'ego. Cela demande du temps. Les épreuves ou les occasions de lâcher-prise se succéderont tant que nous serons insatisfaits. Cela varie d'une personne à l'autre, puisque chaque être est unique. Ensuite, nous devons veiller à demeurer dans le moment présent.

Expérimentons sans cesse

Le lâcher-prise est un processus. À chaque fausse inquiétude, nous devons essayer de ne pas faire réagir notre ego. Efforçons-nous de prendre le recul nécessaire pour saisir la situation et lâcher prise. Essayons d'acquérir de nouveaux réflexes. Même s'ils semblent difficiles au début, plus nous les mettrons en pratique, plus ils nous paraîtront simples. Nous découvrirons alors que cela est possible et nous nous approcherons de plus en plus de qui nous sommes.

Surveillons nos réactions

Nos réactions sont souvent automatiques. Nous ne réfléchissons pas et, par exemple, nous nous mettons en colère. Nous devons nous libérer de nos réactions mécaniques. Pour cela, décidons de ne plus nous laisser guider par elles. Réagir conduit toujours dans une même direction, à savoir une impasse. Les réactions masquent et ne révèlent rien. Nous devons donc ne pas réagir, mais être conscients. C'est la tâche la plus difficile à effectuer. Ensuite, nous devons prendre du recul et observer. C'est ainsi que nous apprenons ce qui se passe en nous. « *Apprendre signifie découvrir* » indique Guy Finley[12].

Une vigilance bienveillante

Plus nous avançons sur le chemin du lâcher-prise, plus nous prenons conscience rapidement d'une émotion. Par exemple, nous avons un accès de colère en nous trouvant dans un embouteillage. Nous pouvons aisément modifier notre pensée à l'origine de cette mauvaise humeur. Le plus simple pour nous en débarrasser est d'en rire. Moquons-nous gentiment de nous-mêmes. Ne laissons plus les pensées maussades envahir le reste de notre journée.

Un processus d'évolution

« *Plus nous évoluons intérieurement, plus notre vie devient facile* » nous dit Guy Finley[13], cet expert en lâcher-prise. En nous détachant, nous nous ouvrons à notre spiritualité. Les barrières disparaissent. L'auteur nous suggère de pratiquer le plus souvent possible le « détachement de soi ». Nous devons ne pas faiblir et tenir bon : c'est la seule façon de nous transformer et d'avancer dans la découverte de soi.

Sur le chemin d'une nouvelle vie

En adoptant le lâcher-prise, nous osons nous aventurer vers l'inconnu. Nous abandonnons nos vieux réflexes et nos anciennes croyances. Nous cessons de nous laisser dominer par notre ego, qui ne nous apportait que souffrances et angoisses. Nous découvrons ainsi notre véritable nature, à savoir notre être essentiel. Nous sommes à présent capables d'apprécier pleinement, par exemple, la beauté de la nature environnante. Nous accédons à

(12) Guy Finley, *Les clés du lâcher-prise, libérez-vous des liens qui vous retiennent*, Les Éditions de L'Homme, 2003.
(13) Guy Finley, *Lâcher prise, la clé de la transformation intérieure*, Le Jour, 1993.

davantage de tranquillité et de sérénité. Nous sommes en mesure de veiller sur nos émotions et de ne pas nous laisser envahir par les pensées négatives. La vie qui s'ouvre à nous est, de ce fait, beaucoup plus joyeuse.

À retenir

› Domptons notre ego

Soyons forts et volontaires : ne laissons plus notre ego mener la danse. Mais notre ego voudra sans cesse revenir sur le devant de la scène. Décidons de ne plus nous identifier à lui.

› Une vigilance quotidienne

Lâcher prise requiert d'être présent. Cela exige, chaque jour, de l'attention et de la persévérance.

› Apprenons à lâcher prise

Le lâcher-prise est un processus qui s'applique quand cela est nécessaire. C'est un chemin qui s'effectue en plusieurs étapes.

› Soyons conscients de nos réactions

La prise de conscience est essentielle. Sans conscience le lâcher-prise est impossible. C'est grâce à la conscience que nous pouvons nous apercevoir de nos réactions pour les modifier.

› La réaction : une voie à sens unique

La réaction ne nous conduit qu'à un seul endroit : la peur et la colère. C'est une impasse. Si nous choisissons de ne pas la suivre, nous demeurons ouverts.

› Un chemin spirituel

Le lâcher-prise mène à soi. C'est grâce à cette pratique que nous pouvons découvrir notre être essentiel, qui est spirituel.

29 – Vivre dans le lâcher-prise au quotidien

« La vie est trop courte pour être petite. »

Benjamin Disraeli

■ Témoignage

« J'essaie de vivre chaque jour dans le présent. Bien sûr, je dois régler certaines choses et donc il m'arrive de me sentir moins consciente d'être là, dans l'instant. Mais je m'y emploie. Je veille surtout à ne pas me laisser envahir par des pensées nuisibles. Je sais désormais qu'elles n'ont aucune utilité si ce n'est celle de m'ennuyer. J'arrive maintenant à les dépister à temps et à les empêcher de prendre trop de place. Mais c'est un travail quotidien. Je dois être très vigilante. Rien n'est jamais acquis. Je recommence jour après jour. Je dois quand même reconnaître que j'ai moins d'efforts à fournir qu'au début. C'est comme un muscle que je remets en route. Pour m'aider à rester zen, j'ai établi une certaine discipline. J'ai mis en place une sorte de rituel que je m'applique à effectuer chaque matin. C'est un peu comme si je faisais mes gammes. Par exemple, je pratique quelques exercices corporels. C'est une gymnastique douce que j'ai élaborée spécialement pour moi. Ces mouvements me conviennent parfaitement : ils me détendent et m'assouplissent. Je les effectue pendant une quinzaine de minutes pour me mettre en forme. Ensuite, je fais ce que j'appelle ma relaxation. Je suis assise, je ferme les yeux et j'écoute une musique qui facilite l'état méditatif. Je m'efforce de ne pas penser. J'essaie de faire corps

orte avec la musique. J'essaie de demeurer ainsi, tendue, au moins dix minutes voire davantage. peux commencer ma journée de femme active. J'ai uffisamment de temps pour être avec moi. Cela me me... urs de bonne humeur. J'ai l'impression d'être beaucoup plus efficace lorsque je prends le temps d'exécuter ce rituel. Parce que je me suis occupée de moi, je peux être ensuite disponible pour les autres. Se faire du bien permet de faire du bien aux autres. Je me sens également ouverte et prête à recevoir n'importe quel imprévu. J'établis un programme pour mes journées. Je fais des listes. Mon agenda est rempli de choses à faire, de rendez-vous à prendre, de gens à contacter. Cela me facilite la vie. Je règle les affaires au fur et à mesure. Quand j'ai terminé une action, avant de passer à une autre, je me concentre et je réfléchis à la façon dont je souhaite que les choses se déroulent. Par exemple, si je dois prospecter pour mon travail, j'étudie ce que je veux obtenir. Je suis alors obligée de prendre en considération le discours que je dois tenir pour y arriver. Je m'aperçois souvent qu'il n'est pas assez pertinent et je suis obligée de le corriger. Cela me permet d'être très efficace lorsque j'agis. Et je dois reconnaître que grâce à cette anticipation, les choses se passent très souvent comme je le souhaite. »

Colette, 46 ans

■ Un peu de théorie

Gardons le cap

Pour vivre dans le lâcher-prise au quotidien, nous devons nous efforcer d'être dans le moment présent. Cela nous demande beaucoup d'attention mais c'est la condition pour y parvenir. Comme Colette, nous pouvons appliquer la méthode de l'intention et nous poser la question suivante avant chaque action : « *Comment est-ce que je souhaite*

que les choses se passent ? Qu'est-ce que je veux obtenir ? »
de cette façon, nous nous impliquons davantage et no
clair avec ce que nous voulons.

Une attitude de vie

Être dans le lâcher-prise découle d'une volonté de vivre pleinement. C'est être avec soi et avec les autres, de façon entière. C'est choisir de découvrir ce que la vie nous offre. C'est s'ouvrir sur le monde et c'est avancer sur le chemin de la connaissance de soi.

Soyons présents

Ayons le courage de ne plus être le jouet de nos pensées, de nos émotions ou de nos souffrances. Cessons de nous identifier à elles pour prendre conscience de notre propre existence. Il est plus confortable de demeurer dans un état connu et donc de rester attachés à ce qui nous rend malheureux. Choisir de vivre en pleine conscience est donc un acte courageux. C'est une option incontournable si nous souhaitons mener la vie qui nous correspond.

Développons nos réflexes

Lorsqu'une pensée négative survient, adoptons la stratégie adéquate : respirons jusqu'à sentir à nouveau notre présence intérieure. La pensée pourra alors s'en aller plus facilement.

Cultivons le détachement

Prenons du recul sur les événements afin de relativiser. Lorsqu'une chose peu agréable survient, prenons un instant pour nous interroger : « *Qu'est-ce qui est essentiel pour moi ?* » Cela nous permet d'être détachés et de renouer avec soi.

Faisons confiance aux autres

Attribuons notre confiance à ceux qui nous entourent ou que nous côtoyons. En adoptant cette attitude, nos relations seront simples et ouvertes.

Ayons confiance en la vie

Lorsque nous poursuivons notre route en toute sérénité et avec confiance, les choses se passent généralement assez bien. Bien sûr nous ne sommes pas à l'abri d'événements malheureux ou de contretemps fâcheux. Mais il ne sert à rien de céder à la peur ou à toute autre émotion pesante. Nous ne pouvons pas faire autre chose qu'accepter ce qui arrive. Il faut donc réussir à nous faire confiance quoi qu'il arrive : nous surmonterons les obstacles et les peines. Lorsqu'une situation se présente à nous, c'est que nous sommes en mesure d'y faire face.

Ouvrons notre cœur

Osons chercher ce qui nous rend heureux. Ouvrons notre cœur et faisons-nous plaisir. Retrouvons notre âme d'enfant et cédons à la joie de faire des choses moins sérieuses. Prenons la résolution de rire au moins une fois par jour. Consacrons une après-midi par semaine à nous livrer à une activité que nous aimons. Pour ouvrir notre cœur, nous devons expérimenter les choses et donc les vivre nous-mêmes. Recherchons ce qui nous amuse. Par exemple, si nous adorons danser au son des djembés, faisons-le. Il existe toutes sortes d'activités susceptibles de nous faire du bien et qui sont gratuites (marcher, chanter, arpenter les rayons jouets ou travaux manuels, etc.). Pourquoi nous en priver ?

Dépassons nos limites

Écouter son cœur cela signifie aussi faire ce que nous désirons le plus. Le plus souvent, nous n'osons pas parce que nous avons peur de nous lancer. Que risquons-nous pourtant, si ce n'est de réaliser un souhait qui nous comble ? Ayons l'esprit d'aventure et jetons-nous dans l'inconnu. La satisfaction sera au rendez-vous.

Soyons réceptifs

Attendons-nous, chaque jour, à découvrir quelque chose d'inédit. Soyons attentifs et prêts à saisir les heureux imprévus. En cultivant cet état d'esprit, nous ne passons plus à côté d'événements plaisants. Nous retrouvons le sentiment du possible.

Nous fondre avec le réel

Lorsque nous sommes dans le moment présent, c'est comme si nous faisions corps avec notre environnement. Nous avons conscience d'une dimension plus vaste dont nous faisons partie.

À retenir

› Soyons vigilants

Le lâcher-prise s'apprend et s'entretient. Chaque jour est nouveau et nous devons recommencer à exercer notre attention.

› Des attitudes salvatrices

Lorsqu'une pensée pénible tente de nous accaparer, dépistons-la avant qu'elle ne prenne trop de place. En cas d'échec, retrouvons le calme intérieur en respirant profondément jusqu'à sentir notre présence.

› Une règle d'or : la confiance

Cultivons la confiance car c'est la clé pour surmonter tous les obstacles et entretenir d'excellentes relations.

› Renouons avec notre âme d'enfant

En adoptant l'attitude que nous avions étant enfant, c'est le moyen le plus sûr pour trouver ce que nous aimons.

› Apprenons à relativiser

Lorsque nous sommes détachés, nous savons ce qui important et ce qui ne l'est pas.

› La voie du cœur

Sachons écouter notre cœur et faire ce qu'il nous demande.

Conclusion

Lâcher prise n'est pas chose aisée. Si la volonté est là, le rythme de la vie quotidienne peut vite nous submerger et les mauvaises habitudes ont tendance à reprendre le dessus.
C'est pourquoi lâcher prise s'effectue par étapes : nous pouvons à tout moment revenir en arrière, faire une pause, reprendre là où nous nous étions arrêtés dès que nous en ressentons le besoin.

En parallèle, nous pouvons lire et relire ce guide autant de fois que nous le souhaitons. Il est destiné à nous aider à lâcher prise et à aller là où nous souhaitons nous rendre.
En guise de conclusion, voici les dernières recommandations.

Appliquons le lâcher-prise

Nous pouvons dès à présent, si ce n'est déjà fait, mettre en pratique les principes du lâcher-prise. Rien ne vaut l'expérimentation. Si la lecture est nécessaire, la pratique demeure incontournable. Si nous ne savons pas par où commencer, cela n'a pas d'importance. Commençons là où nous sommes.

Exerçons notre vigilance quotidiennement

Essayons d'appliquer les techniques au quotidien. Plus nous pratiquons, plus nous apprenons et plus nous évoluons.

Cultivons l'instant présent

Vivre le moment présent est un peu ardu au début, mais c'est la voie qui mène au lâcher-prise. Elle est incontournable.

Décidons de lâcher prise

Nous devons décider de lâcher prise pour y arriver.

Acceptons la solitude

Prenons le temps d'être avec nous-mêmes, pour nous connaître, nous aimer et trouver la tranquillité. Essayons de planifier une demi-journée, une soirée voire même juste une heure pour passer un moment avec nous-mêmes.

Provoquons le bonheur

Sachons apprécier la vie pour qu'elle nous rende la pareille. Le bonheur se déclenche et s'entretient.

Soyons optimistes

Soyons confiants et efforçons-nous de demeurer positifs, quoi qu'il arrive. Cultivons notre bonne humeur.

Soyons bienveillants

N'oublions pas de nous féliciter lorsque nous parvenons à franchir une étape. C'est très revigorant.

Bonne route sur le chemin du lâcher-prise !

EDITIONS ESI

60, rue Vitruve, 75020 Paris

Imprimé en Espagne chez Printer Industria Grafica à Barcelone.

N° Sofédis : S441251 - ISBN : 978-2-35355-430-0